INGLÉS

SIN FRONTERAS

Título original: *ENGLISH, A ROUGH GUIDE PHRASEBOOK*

1.ª edición: abril, 2000
1.ª reimpresión: enero, 2001

© 1999, Lexus Ltd.
© 2000, Ediciones B, S.A.
Bailén, 84 - 08009 Barcelona (España)
www.edicionesb.com

Responsable del equipo lexicográfico: Lexware Soporte Lingüístico

Esta guía Sin Fronteras de Inglés,
se basa en un texto de Lexus titulado
THE ROUGH GUIDE TO
ENGLISH PHRASEBOOK
(2.ª edición, 1999, ISBN 1-85828-577-1)
Publicado por Rough Guides,
62-70 Shorts Gardens,
London WC2H 9AB

Impreso en España - Printed in Spain
ISBN: 84-406-9670-1
Depósito legal: B. 770-2001

Impreso por LIBERDÚPLEX
Constitució, 19 - 08014 Barcelona

SUMARIO

Introducción

La guía Sin Fronteras de INGLÉS es una introducción práctica que permitirá al viajero, o a cualquier persona interesada en acercarse a este idioma, adquirir los rudimentos básicos del lenguaje para desenvolverse en diversas situaciones. Organizada como un diccionario, con las voces y frases más usuales ordenadas de la A a la Z, ofrece una selección de los términos de uso común más frecuente en la vida cotidiana y en las situaciones habituales en un viaje.

La guía se divide en tres partes bien diferenciadas.

La primera parte es una aproximación elemental a las cuestiones fundamentales de la gramática que permitirá que se puedan adquirir o recordar los rudimentos de la lengua.

La segunda parte y principal es el doble diccionario *Español-Inglés* e *Inglés-Español*, en el que las palabras inglesas aparecen con la correspondiente pronunciación figurada, de acuerdo con los criterios establecidos al comienzo de la *Gramática* y que responden más a una voluntad de utilidad y facilidad, que a una transcripción fonética, la mayor parte de las veces incomprensible para el lector poco habituado a manejar manuales de idiomas. A lo largo del diccionario se incluyen ejemplos de diálogos para desenvolverse en situaciones frecuentes en los viajes (por ejemplo, si se quiere alquilar una habitación, hay que buscar el término «habitación»), así como informaciones destacadas sobre diversos aspectos prácticos de utilidad para el viajero. Evidentemente, no se han incluido todos los términos que pueden oírse por la calle, pero sí las palabras y expresiones más frecuentes o que pueden aparecer en carteles, impresos o indicadores de lugares públicos.

La guía se cierra con un *Menú*, donde se incluyen los principales términos de comida y bebida, indispensables para desenvolverse con soltura en un restaurante, un bar o un mercado.

Have a good trip!
¡Buen viaje!

GRAMÁTICA

Lo básico

La pronunciación

En esta guía se ha establecido una transcripción fonética que se lee como si estuviera escrita en castellano. Hay que tener en cuenta las notas sobre la pronunciación detalladas abajo:

a	e	i	o	u
[ey]	[i]	[ai]	[o]	[iu]

OU representa otra pronunciación de la letra «o» en inglés (**go**).

AE representa un vocal neutra, entre una «a» y una «e» (**animal, after, father**, etc.).

c   se pronuncia como «s» en castellano delante de «e» o «i» (**certain, cinderella**), pero como «k» delante de «o», «a» y «u» (**car, cup, coat**).

g   a veces se pronuncia como «gu» (**get**) y a veces como la «y» sudamericana «yo» (**gentleman**).

h   a veces se pronuncia como «j» (**hotel**) y a veces es muda (**hour**).

j   se pronuncia como la «y» sudamericana (**July, Jupiter**).

q   se pronuncia como «cui» (**quickly, queen**).

w   se pronuncia igual que para «Windows 95».

z   se pronuncia como «ts» (**zero, zebra**).

En general, la pronunciación del inglés es muy irregular y complicada a causa de la falta de normas. Muchas veces la pronunciación no tiene nada que ver con la palabra escrita. El acento tónico generalmente recae en la primera sílaba aunque, como en toda la gramática inglesa, hay excepciones, en estos casos se ha marcado la vocal tónica en negrita.

En algunas palabras la vocal tónica se pronuncia también algo más larga. En estos casos se ha señalado esta vocal con una tilde: **food** [fúd] comida.

Las abreviaturas

f	sustantivo femenino
m	sustantivo masculino
fpl	sustantivo femenino plural
mpl	sustantivo masculino plural
adj	adjetivo
sing	singular
pl	plural
adv	adverbio
v	verbo
tr	transitivo
intr	intransitivo
conj	conjunción
prep	preposición
gen	genérico
fam	familiar

En el apartado *Español-Inglés* se utilizan las siglas UK (Reino Unido) y US (EEUU) para identificar las diferentes traducciones de una palabra que se emplean en estos dos países.

Los sustantivos

En inglés no existen los géneros. Todas las palabras son neutras. Sólo se emplea el masculino o el femenino cuando se hace referencia a algo en concreto, cuyo género conocemos. Por ejemplo:

Look at that horse, she's a real beauty!
[Luk at dat jors, shis a ril biuti!]
¡Mira este caballo, es una hermosura!

Se utiliza el pronombre **she** porque se hace referencia a un caballo en concreto, cuyo género conocemos.

Los días de la semana, los meses del año, las lenguas y las nacionalidades se escriben en mayúscula en inglés:

Monday	July	English	Irish
[mondai]	[shulai]	[inglish]	[airish]
lunes	julio	inglés	irlandés

El plural

La forma más habitual de formar el plural en inglés es añadiendo una **-s**:

the dog	the dogs		the house	the houses
[de dog]	[de dogs]		[de jaus]	[de jauses]
el perro	los perros		la casa	las casas

Los sustantivos acabados en **-s**, **-z**, **-x**, **-ch** o **-sh** forman el plural añadiendo **-es**:

the fax	the faxes
[de fax]	[de faxes]
el fax	los faxes

the match	the matches
[de match]	[de matches]
el partido/la cerilla	los partidos/las cerillas

Los sustantivos que acaban en **-y** forman el plural sustituyendo
la letra final por **-i** y añadiendo **-es**:

the party	the parties
[de parti]	[de partis]
la fiesta	las fiestas

El plural de algunos sustantivos es irregular, algunos de los más
comunes son:

man	men
[man]	[men]
hombre	hombres

woman	**women**
[uoman]	[uimen]
mujer	mujeres
child	**children**
[chaild]	[children]
niño	niños
foot	**feet**
[fut]	[fit]
pie	pies
tooth	**teeth**
[tuz]	[tiz]
diente	dientes

Nota: En castellano la palabra «gente» es singular, pero en inglés es plural:

English people are very polite
[inglish pipol ar veri polait]
La gente inglesa es muy educada

Los artículos

El artículo definido en inglés tiene la misma forma en singular que en plural:

the tree	**the trees**
[de tri]	[de tris]
el árbol	los árboles

El artículo indefinido es **a** o **an**. Si la palabra empieza con vocal o con «h» se utiliza **an**, en caso contrario se utiliza **a**:

a banana	**an orange**	**an hour**
[a banana]	[an orinch]	[an auer]
un plátano	una naranja	una hora

El artículo definido no se utiliza tanto en inglés como en castellano. Cuando se habla de las cosas en general, se utiliza el plural sin artículo:

dogs are friendly animals
[dogs ar frendli animAEls]
los perros son unos animales simpáticos

Cuando se habla de una cosa en concreto se utiliza el artículo definido, no se utiliza el artículo indefinido:

the car is parked outside	**a car is parked outside**
[de car is parkt autsaid]	[a car is parkt autsaid]
★el coche está aparcado fuera	★★hay un coche aparcado fuera

★ Se sobreentiende de qué coche se está hablando.
★★ Se habla de un coche en general, sin hacer referencia a uno en concreto.

Los adjetivos

En inglés, los adjetivos no tienen masculino, femenino ni plural y siempre se colocan delante del sustantivo:

a pretty girl
[a priti gerl]
una chica guapa

Cuando se utiliza más de un adjetivo para describir el mismo sustantivo, se colocan uno tras otro separados por comas, delante de éste. Según el tipo de adjetivo utilizado hay que seguir el orden: dimensiones + características + nacionalidad. Por ejemplo:

a big, blue, American car
[a big blu american car]
un gran coche americano de color azul

Los comparativos

Hay distintas maneras de formar el comparativo, depende del número de sílabas y de la terminación.

Adjetivos con una o dos sílabas

Normalmente se añade la terminación **-er** al adjetivo:

cold	colder	fast	faster
[could]	[coulder]	[fast]	[faster]
frío	más frío	rápido	más rápido

Si el adjetivo acaba en **y**, ésta se sustituye por **i** y a continuación se añade la terminación **-er**:

happy	happier	funny	funnier
[japi]	[japier]	[foni]	[fonier]
feliz	más feliz	divertido	más divertido

Si el adjetivo acaba en consonante-vocal-consonante, se dobla la consonante para conservar la pronunciación, y luego se añade **-er**:

hot	hotter	big	bigger
[jot]	[joter]	[big]	[biguer]
caliente	más caliente	grande	más grande

Adjetivos con tres o más sílabas

Por razones de pronunciación, los adjetivos de tres sílabas o más forman el comparativo colocando **more** (más) o **less** (menos) delante del adjetivo:

beautiful	more beautiful
[biutifol]	[mor biutifol]
hermoso	más hermoso

difficult	less difficult
[difikult]	[les difikult]
difícil	menos difícil

Para construir frases comparativas se coloca **than** (que) después del adjetivo:

> **this hotel is bigger than the other one**
> [zis jotel is biguer zan de oder wan]
> este hotel es más grande que el otro

Los superlativos

Los superlativos también se forman de manera distinta según el número de sílabas y la terminación.

Adjetivos con una o dos sílabas

Se añade al adjetivo la terminación **-est** y **the** (el/la/los/las):

cold	the coldest	fast	the fastest
[could]	[de couldest]	[fast]	[de fastest]
frío	el/la/los/las	rápido	el/la/los/las
	más frío(s)		más rápido(s)

Si el adjetivo acaba en **y**, ésta se sustituye por **i** y se le añade la terminación **-est**. Asimismo se coloca **the** delante del adjetivo.

happy	the happiest	funny	the funniest
[japi]	[de japiest]	[foni]	[de foniest]
feliz	el/la/los/las	divertido	el/la/los/ as
	más feliz(ces)		más divertido(s)

Si el adjetivo acaba en consonante-vocal-consonante, se dobla la consonante final para conservar la pronunciación, y luego se añade la terminación **-est**, siempre con **the** delante del adjetivo:

hot	the hottest	big	the biggest
[jot]	[de jotest]	[big]	[de biguest]
caliente	el/la/los/las	grande	el/la/los/las
	más caliente(s)		más grande(s)

Adjetivos con tres o más sílabas

Por razones de pronunciación, los adjetivos de tres sílabas o más forman el comparativo colocando **the most** (el/lo/los/las más) o **the least** (el/la/los/las menos) delante del adjetivo:

beautiful	**the most beautiful**
[biutifol]	[de most biutifol]
hermoso	el/la/los/las más hermoso(s)
difficult	**the least difficult**
[difikult]	[de list difikult]
difícil	el/la/los/las menos difícil(es)

Paris is the most romantic city in the world
[paris is de most romantic siti in de uorld]
París es la ciudad más romántica del mundo

Los siguientes adjetivos tienen comparativos y superlativos irregulares:

good	**better**	**the best**
[güd]	[beter]	[de best]
bueno	mejor	el/la/los/las mejor(es)
bad	**worse**	**the worst**
[bat]	[uers]	[de uerst]
malo	peor	el/la/los/las peor(es)
far	**further**	**the furthest**
[far]	[fAErzer]	[de fAErzest]
lejos	más lejano	el/la/los/las más lejano(s)
big	**older**	**the eldest**
[big]	[oulder]	[de eldest]
grande	mayor	el/la/los/las mayor(es)

La estructura comparativa «tan... como» se traduce «**as... as**»

she is as funny as always
[shi is as foni as algüeis]
ella es tan divertida como siempre

Los adjetivos posesivos

Al igual que en los adjetivos, no hay géneros ni plurales, de tal manera que sólo existe una forma para los adjetivos posesivos en inglés:

my	[mai]	mi
your *(sing, fam)*	[ior]	tu
his	[jis]	su, de él
her	[jer]	su, de ella
its	[its]	su, de una cosa
our	[auer]	nuestro
your *(pl, fam)*	[ior]	vuestro
their	[zer]	su, de ellos/ellas

this is my bag	**our car is blue**
[zis is mai bag]	[auer car is blu]
éste es mi bolso	nuestro coche es azul

Nota: La forma «usted» no existe en inglés. Por el tono de voz o el tiempo verbal utilizado se distingue si el contexto es familiar o formal. Por lo tanto, tampoco existen los posesivos correspondientes.

Los pronombres

Los posesivos

Los pronombres posesivos en inglés sólo tienen una forma:

mine	[main]	el mío/la mía/los míos/las mías
yours	[iors]	el tuyo/la tuya/los tuyos/las tuyas
his	[jis]	el suyo/la suya/los suyos/las suyas; de él
hers	[jers]	el suyo/la suya/los suyos/las suyas; de ella
its	[its]	el suyo/la suya/los suyos/las suyas; de una cosa
ours	[auers]	el nuestro/la nuestra/los nuestros/las nuestras
yours	[iors]	el vuestro/la vuestra/los vuestros/las vuestras
theirs	[zers]	el suyo/la suya/los suyos/las suyas; de ellos/ellas

that book is mine not yours
[zat buk is main not iors]
aquel libro es mío, no tuyo

these shoes are mine
[ziis shus ar main]
estos zapatos son mios

our cat is lovely, its eyes are blue and its coat is a creamy colour
[auer kat is lofli, its ais ar blu and its cout is a crimi color]
nuestro gato es muy bonito, sus ojos son azules
   y su pelo es de color crema

Los personales

El sujeto

I	[ay]	yo
you	[iu]	tú (sing, fam)
he	[ji]	él
she	[shi]	ella
it	[it]	neutro (animal, cosa)
we	[gui]	nosotros(as)
you	[iu]	vosotros(as)
they	[zei]	ellos(as)

En inglés, como no hay que conjugar los verbos, es muy importante poner el sujeto. ¡Si no, no sabemos a qué persona se refiere! Por ejemplo:

it is hot in here
[it is jot in jier]
hace calor aquí

we are from Dublin, but they are from London
[güi ar from doblin, bot zei ar from londAEn]
nosotros somos de Dublín, pero ellos son de Londres

18

El objeto

me	[mi]	mí
you	[iu]	ti
him	[jim]	él, le
her	[jer]	ella, la
us	[as]	nosotros(as), nos
you	[iu]	vosotros(as), os
them	[zem]	ellos(as), los(as), les

Este pronombre representa el objeto sobre el que recae la acción, y siempre se sitúa después de un verbo o una preposición.

he gave us a lift to the station
[ji geiv os a lift tu de steishon]
nos acompañó a la estación

this present is for you
[zis present is for iu]
este regalo es para ti

Los reflexivos

myself	[maiself]	me
yourself	[iurself]	te
himself	[jimself]	se (de él)
herself	[jerself]	se (de ella)
itself	[itself]	se (de una cosa)
ourselves	[auerselvz]	nos
yourselves	[iurselvz]	os
themselves	[zerselvz]	se (de ellos, ellas)

En inglés no se utilizan tantos verbos reflexivos como en castellano. La mayoría de verbos reflexivos están relacionados con el cuerpo:

he cut himself while he was shaving
[ji cot jimself guail ji guos sheiving]
se cortó mientras se estaba afeitando

we enjoyed ourselves a lot at the party
[güi enshoid auerselvz a lot at de parti]
nos divertimos mucho en la fiesta

Donde, en español, se utiliza un verbo reflexivo para expresar una acción impersonal o sin sujeto, en inglés se utiliza la pasiva:

foreign newspapers are sold in the Ramblas
[forin niuspeipers ar sould in de ramblas]
se venden periódicos extranjeros en las Ramblas

lunch is served from 12.30 - 2.00 p.m
[loench is servt from tuelv zerti tu tu pi em]
se sirven comidas desde las 12.30 hasta las 2.00 de la tarde

Los demostrativos

En inglés sólo existen dos adjetivos/pronombres demostrativos en singular, y otros dos en plural.

this	**that**
[zis]	[zat]
este, esta, esto	ese, esa, eso, aquel, aquella, aquello

these	**those**
[ziis]	[zous]
estos, estas	esos, esas, aquellos, aquellas

Para diferenciar entre «ese» y «aquel» hay que añadir más información a la frase:

is this your car?
[is zis ior car]
¿Es éste tu coche?

no, that one's mine
[no zat uans main]
no, ése es el mío

and that one over there?
[and zat uan over zer]
¿y aquél?

oh, that's my brother's car
[o, zats mai brozaers car]
oh, aquél es el coche
    de mi hermano

Los adverbios

La formación del adverbio es muy sencilla. En la mayoría de los casos se añade la terminación **-ly** al adjetivo:

quick	**quickly**	**sad**	**sadly**
[cuic]	[cuicli]	[sat]	[sadli]
rápido	rápidamente	triste	tristemente

Si el adjetivo acaba en **y**, se sustituye por **i**, y se añade la terminación **-ly**:

happy	**happily**	**funny**	**funnily**
[japi]	[japili]	[foni]	[fonili]
feliz	felizmente	curioso	curiosamente

En algunos casos el adjetivo y el adverbio son iguales:

fast	**hard**	**early**	**late**
[fast]	[jard]	[AErli]	[leit]
rápido	duro	pronto	tarde

Ben can run very fast
[ben can roen veri fast]
Ben puede correr muy rápido

they work very hard
[zey uerc veri jard]
ellos trabajan muy duro

the train was late/early
[de trein uos leit/AErli]
El tren llegó tarde/temprano

Algunos adverbios tienen una forma irregular, por ejemplo:

good	**well**
[güd]	[güell]
bueno	bien

she speaks English very well
[shi spiks inglish veri güel]
ella habla muy bien inglés

GRAMÁTICA • Lo básico ■ Los verbos

Los verbos

En los apartados *Español-Inglés* e *Inglés-Español* los verbos figuran en infinitivo (p. ej.: conducir, **to drive**, etc.). El infinitivo de todos los verbos se forma con la partícula **to** y la raíz del verbo. Las formas verbales en inglés son más simples que en español porque apenas hay que conjugarlas.

El presente

El presente simple

El presente describe una acción habitual (voy, como, escribo, etc.). Para formar el presente, se elimina la partícula **to** del infinitivo. Todas las personas tienen la misma forma en el presente, salvo la tercera persona del singular, en la que se añade -s, o bien **-es**, si el verbo acaba en vocal, **-s**, **-x**, **-sh**, **-ch**.

to speak	[tu spik]	hablar
I speak	[ai spík]	hablo
you speak	[iu spik]	hablas
he/she/it speaks	[ji/shi/it spiks]	habla
we speak	[güi spik]	hablamos
you speak	[iu spik]	habláis
they speak	[zei spik]	hablan
to go	[tu gou]	ir
I go	[ay gou]	voy
you go	[iu gou]	vas
he/she/it goes	[ji/shi/it gous]	va
we go	[güi gou]	vamos
you go	[iu gou]	vais
they go	[zei gou]	van

to wash	[tu guash]	lavar
I wash	[ay guash]	lavo
you wash	[iu guash]	lavas
he/she/it washes	[ji/shi/it guashes]	lava
we wash	[güi guash]	lavamos
you wash	[iu guash]	laváis
they wash	[zei guash]	lavan

El presente continuo

Esta construcción se utiliza para describir la situación actual en general, y lo que está pasando en este mismo momento. Se forma con el verbo **to be** (en presente) + gerundio. El gerundio se forma con la raíz del verbo + **-ing**:

walk	walking	eat	eating
[güolk]	[güolkin]	[it]	[itin]
caminar	caminando	comer	comiendo

Si el verbo acaba en «consonante-vocal-consonante», por razones de pronunciación es necesario doblar la última consonante además de añadir la terminación **-ing**:

get	getting	shop	shopping
[guet]	[guetin]	[shop]	[shopin]
coger/	cogiendo/	comprar	comprando
recibir	recibiendo		

Cuando el verbo acaba en **-e**, se suprime esta vocal y se añade el sufijo **-ing**:

live	living	drive	driving
[liv]	[livin]	[draiv]	[draivin]
vivir	viviendo	conducir	conduciendo

the children are playing on the beach
[de children ar pleiin on de bich]
los niños están jugando en la playa

where is Mary? / She is having a nap
[güer is Meri/shi is javin a nap]
¿dónde está Mary? / Está haciendo la siesta

we are getting some change for the phonebox
[gui ar guetin som cheinch for de founbox]
estamos cogiendo cambio para la cabina telefónica

El pasado

El pasado simple

Este tiempo verbal se utiliza para describir una acción comple-
tamente acabada en el pasado (hablé, comí, abrí, etc.). Esta acción podría haber pasado hace 10 minutos o 10 años, no hay
diferencia en inglés. Para los verbos regulares es muy fácil
construir esta forma del verbo. Simplemente se añade la terminación **-ed** (o **-d** si el infinitivo acaba en vocal) a la raíz del
verbo (el infinitivo a excepción de **to**). Todas las personas tienen la misma forma:

walk	**walked**
[güolc]	[güolct]
andar	anduve, anduviste, anduvo, etc.

live	**lived**
[liv]	[livt]
vivir	viví, viviste, vivió, etc.

No existen normas para formar el pasado de los verbos irregulares, hay que aprenderlos de memoria. A continuación se
muestran el pasado simple y el participio de algunos verbos
irregulares:

Infinitivo	Pasado simple	Participio
be [bi] ser/estar	**was/were** [uos/uer]	**been** [bin]
bring [brin] traer	**brought** [brout]	**brought** [brout]
buy [bai] comprar	**bought** [bot]	**bought** [bot]

come [com] venir	came [queim]	come [com]
cost [cost] costar	cost [cost]	cost [cost]
drink [drink] beber	drank [drank]	drunk [dronc]
drive [draiv] conducir	drove [drouv]	driven [driven]
eat [it] comer	ate [eit]	eaten [iten]
get [guet] coger, recibir	got [got]	got [got]
give [giv] dar	gave [geiv]	given [given]
go [gou] ir	went [güent]	gone [gon]
have [jav] tener, haber	had [jad]	had [jad]
know [nou] saber	knew [niu]	known [noun]
leave [liiv] salir, dejar	left [left]	left [left]
pay [pei] pagar	paid [peid]	paid [peid]
see [si] ver	saw [so]	seen [siin]
sell [sel] vender	sold [sould]	sold [sould]
speak [spik] hablar	spoke [spouc]	spoken [spouquen]
take [teic] tomar, coger	took [tuc]	taken [teiquen]
think [zinc] pensar	thought [zout]	thought [zot]

El pasado perfecto

El pasado perfecto se utiliza para expresar una acción recién
acabada o una acción empezada en el pasado y que continúa
vigente hasta la actualidad. Este tiempo verbal está formado
por el presente del verbo **to have** y el participio del verbo que
se conjuga.

Para los verbos regulares, el participio tiene la misma forma
que el pasado simple: el verbo + **-ed**:

   have/has + walked/talked/visited

   we have visited the cathedral
   [güi jav visited de kazidrael]
   hemos visitado la catedral

   they have rented a car
   [zei jav rented a car]
   ellos han alquilado un coche

Para los verbos de conjugación irregular, consultar la tercera columna de la lista de verbos irregulares antes mencionada.

Maria has bought some postcards
[maría jas bot som poustcards]
María ha comprado algunas postales

we have already paid the bill
[güi jav olredi peid de bil]
ya hemos pagado la cuenta

I have never been to Ireland
[ai jav nevaer bin to airland].
nunca he estado en Irlanda

El pasado continuo

El pasado continuo se construye igual que el presente continuo, pero en vez de utilizar el verbo **to be** en presente, se utiliza en pasado simple: **was/were + participio**:

we were going to the cinema
[güi güer gouin tu de sinema]
íbamos al cine

Pero también se puede traducir como el pasado simple inglés:

we were very tired, so we went to bed early
[güi güer veri taired, sou güi güent tu bed aerli]
estábamos muy cansados, y por eso fuimos a dormir pronto

Si se trata de una acción habitual en el pasado se utiliza la estructura: **used to + infinitivo**:

we used to swim in the sea everyday
[güi iust tu suim in de si evridei]
solíamos bañarnos cada día

this used to be a small fishing village
[zis iust tu bi a smol fishin vilich]
antes esto era un pequeño pueblo pesquero

Los verbos auxiliares

En inglés se utilizan muchos verbos auxiliares, para formar el futuro (**will**), el condicional (**would**), para preguntar y para negar (**do**), además de los verbos **to be** (ser o estar), el verbo **to have** (tener o haber) y **have got**. A continuación se explica el uso de cada uno de estos verbos.

El futuro

Hay varias maneras de expresar el futuro en inglés. La más genérica es utilizando el verbo auxiliar **will** seguido del infinitivo. El verbo auxiliar no se conjuga, todas las personas presentan la misma forma:

I will go [ai güil gou]	iré
you will go [iu güil gou]	irás
he/she/it will go [ji/shi/it güil gou]	irá
we will go [güi güil gou]	iremos
you will go [iu güil gou]	iréis
they will go [zey güil gou]	irán

Este tiempo verbal se usa en las advertencias públicas:

the swimming pool will be closed all day for cleaning
[de suimin pul güil bi cloust ol dei for clinin]
la piscina estará cerrada todo el día para su limpieza

the flight will be delayed for 2 hours
[de flait güil bi dileit for tu auers]
el vuelo tendrá un retraso de 2 horas

Sin embargo, en una conversación es mucho más frecuente utilizar el presente continuo o la estructura **going to + infinitivo**. Para expresar el futuro inmediato o muy próximo, se utiliza el presente continuo:

we are going to the cinema this evening
[güi ar gouin tu de sinema zis ivnin]
iremos al cine esta noche

I am going to New York on Friday (hoy es miércoles)
[ai am gouin tu niu iork on fraidei]
iré a Nueva York el viernes

Para expresar planes o intenciones para el futuro, se utiliza la estructura **going to + infinitivo**:

I am going to study Fine Art next year
[ai am goin tu stodi fain art next ier]
voy a estudiar Bellas Artes el año que viene

we are going to buy a new house soon
[güi ar goin to bai a niu jaus sun]
vamos a comprar una casa nueva dentro de poco

Como sucede en español, se puede utilizar el presente simple para expresar una idea de futuro:

the train leaves in half an hour
[de trein livs in jaf an auer]
el tren sale dentro de media hora

El condicional

Para formar el tiempo condicional se utiliza el verbo auxiliar **would**. Igual que **will**, sólo hay una forma para todas las personas, y se usa seguido del verbo que se conjuga en infinitivo:

I would go	[ai gud gou]	iría
you would go	[iu gud gou]	irías
he/she/it would go	[ji/shi/it gud gou]	iría
we would go	[güi gud gou]	iríamos
you would go	[iu gud gou]	iríais
they would go	[zey gud gou]	irían

Normalmente, el verbo auxiliar **would** se usa en su forma contraida «apóstrofe + d»:

I would	**I'd**	[aid]
you would	**you'd**	[iud]

También es habitual usar la forma contraida en la negación **would not = wouldn't**:

I wouldn't like to study mathematics.
[ai güdᴀᴇnt laik tu stodi mazematix]
no me gustaría estudiar matemáticas

El condicional se utiliza para expresar deseos y para pedir cosas en un bar, restaurante, etc.

I'd like a cup of tea please
[aid laik a cop ov ti, plis]
quisiera una taza de té, por favor

would you like something to drink?
[güd iu laik somzin tu drink]
¿quería tomar algo?

El verbo «to do»

El verbo **«to do»**, es el auxiliar que se utiliza para hacer preguntas y para la negación, aparte de significar «hacer». La negación y las preguntas están tratados con más detalle más adelante.

GRAMÁTICA • LO básico ■ Los verbos

I do	[ai du]	I do not	[ai du not]
you do	[iu du]	you do not	[iu du not do you]
he/she/it does	[ji/shi/it dos]	he/she/it does not	[ji/shi/it dos not]
we do	[güi du]	we do not	[güi du not]
you do	[iu du]	you do not	[iu du not]
they do	[zey du]	they do not	[zey du not]

Estar formas verbales también se pueden contraer y es más habitual utilizar las contracciones, sobretodo en la lengua hablada, y como podrá ver, la fonética también cambia:

I do not	[ai du not]	I don't	[ai dount]
he/she/it does not	[ji/shi/it dos not]	he/she/it doesn't	[ji/shi/it dosAent]

El verbo «to be»

Los verbos «ser» y «estar» se traducen por un único verbo en inglés, el verbo **to be**. Es un verbo irregular como se puede ver a continuación:

I am	[ai am]	soy/estoy
you are	[iu ar]	eres/estás
he/she/it is	[ji/shi/it is]	es/está
we are	[güi ar]	somos/estamos
you are	[iu ar]	sois/estáis
they are	[zei ar]	son/están

I am from Barcelona
[ai am from Barselona]
soy de Barcelona

I am quite tired
[ai am cuait taired]
estoy bastante cansado/a

El verbo «to have»

El verbo **to have** es un verbo de uso frecuente en la lengua inglesa. Equivale al verbo español «tener», pero también se utiliza como verbo auxiliar, correspondiéndose con el verbo español «haber». Al igual que el verbo **to be**, también es irregular:

I have	[ai jav]	tengo/he
you have	[iu jav]	tienes/has
he/she/it has	[ji/shi/it jas]	tiene/ha
we have	[güi jav]	tenemos/hemos
you have	[iu jav]	tenéis/habéis
they have	[zei jav]	tienen/han

I have three brothers and one sister
[ai jav zri brodAErs and uan sistAer]
tengo tres hermanos y una hermana

I have never been to New York
[ai jav never bin tu niu iork]
nunca he estado en Nueva York

«Have» y «have got»

El verbo «tener» tiene dos traducciones: **have** y **have got**. El primero recoge muchos de los significados del verbo «tener», mientras que el segundo se corresponde con el significado que implica posesión:

I have got a blue car
[ai jav got a blu car]
tengo un coche azul

Barcelona has many interesting things to visit
[Barcelona jas meni intrestin zings tu visit]
Barcelona tiene muchas cosas interesantes para visitar

I have a meeting in ten minutes
[ai jav a mitin in ten minits]
tengo una reunión dentro de diez minutos.

El imperativo

El imperativo en inglés es muy sencillo, se forma con la raíz del verbo prescindiendo de **to**:

close the door!	**mind the step!**
[clous de dor]	[maind de step]
¡cierra la puerta!	¡cuidado con el escalón!

Para expresar un imperativo en forma negativa se emplea **don't** antes del verbo:

help me please!	**don't cry!**
[jelp mi plis]	[dount crai]
¡ayúdeme, por favor!	¡no llores!

La negación

Como se indica en el apartado de verbos auxiliares el verbo **to do**, aparte de significar «hacer», es el verbo auxiliar que se utiliza para construir la forma negativa:

Este verbo se utiliza para generar la forma negativa de la mayoría de los verbos, excepto: **to be**, **have got**, **can**, **will**, **would** y **could**, que la forman añadiendo **not** después del verbo:

I like	**I don't like**
[ai laik]	[ai dount laik]
me gusta	no me gusta

she speaks	**she doesn't speak**
[shi spiks]	[shi dosᴀent spik]
habla	no habla

can	**can't**	**have got**	**haven't got**
[can]	[cant]	[jav got]	[javᴀent got]
poder	no poder	tener	no tener

will	**won't**	**would**	**wouldn't**
[güil]	[uont]	[güd]	[güdᴀent]
auxiliar de futuro		auxiliar del condicional	

I am	[ai am]	I'm not	[aim not]
you are	[iu ar]	you aren't	[iu arnt]
he/she/it is	[ji/shi/it is]	he/she/it isn't	[ji/shi/it isᴀᴇɴt]
we are	[güi ar]	we aren't	[güi arnt]
you are	[iu ar]	you aren't	[iu arnt]
they are	[zei ar]	they aren't	[zei arnt]

En inglés, una doble forma negativa no es posible. Por esta razón hay dos maneras de decir «nada»: **nothing** o **anything**; la primera se utiliza con un verbo en forma afirmativa, y la segunda con un verbo en forma negativa:

I know nothing = **I don't know anything**
[al nou nozin]   [ai dount nou enizin]
no sé nada   = no sé nada

Lo mismo ocurre con «nadie»: **nobody** [noubodi] y **anybody** [enibodi], también se utilizan con verbos en forma afirmativa y negativa respectivamente.

Por otra parte, **anything** y **anybody** también se pueden utilizar en preguntas:

do you know anything about Peter? No, nothing
[du iu nou enizin abaut Piter] [no, nozin]
¿sabes algo de Peter? No, nada

did you meet anybody interesting at the party? No, nobody
[did iu mit enibodi intrestin at de parti] [no, noubodi]
¿conociste a alguien interesante en la fiesta? No, a nadie

Como se puede apreciar, **anybody/anyone/anything** (alguien o algo) son positivas en preguntas, no es normal preguntar en negativo. Sin embargo, adquieren un sentido negativo cuando el verbo es negativo:

did you know anyone at the party?
[did iu nou eniuan at the parti]
¿conocías a alguien en la fiesta?

no, I didn't know anyone at the party
[no, ai didAent nou eniuan at de parti]
no, no conocía a nadie en la fiesta

no, I knew no-one at the party
[no, ai niu nowan at the parti]
no, no conocía a nadie en la fiesta

Las preposiciones

Como en todos los idiomas, las preposiciones juegan un papel fundamental en inglés. Aquí se explicará las preposiciones más importantes y sus usos más habituales. En combinación con distintos verbos, las preposiciones determinan el significado del verbo, es lo que se conoce como **phrasal verbs**.

To [tu] a

Se utiliza la preposición **to**:

1. Después de todos los verbos de movimiento, pero nunca antes de **home** (casa).
2. Después de los verbos **speak** y **talk** (decir), **listen** (escuchar).
3. Estar casado con alguien se traduce por **to be married to someone**.

the museum is open from 8 to 6 p.m.
[de miusium is oupen from eit ei em tu six pi em]
el museo está abierto de 8 a 6

we are going to England
[güi ar gouing tu inlAend]
nos vamos a Inglaterra

they are going home
[zey ar gouing joum]
ellos se van a casa

can I speak to the manager, please?
[can ai spik tu de manachAEr, plis]
¿Puedo hablar con el encargado, por favor?

She is married to Peter
[shi is marid tu pitAEr]
Ella está casada con Peter

By [bai] por, de, en

Se utiliza la preposición **by**:

1. Para todos los medios de transporte con la excepción de **on foot** (a pie).
2. Para los autores de obras de arte, música, literatura, etc.
3. Para expresar un límite de tiempo.

we are travelling by car/bus/plane/coach...
[güi ar travAElin bai car/bos/plein/couch...]
estamos viajando en coche/bus/avión/autocar...

Guernika was painted by Picasso
[guernika uso peintAEd bai picasso]
Guernika es una obra de Picasso

Everyone must be at the airport by 10 a.m.
[evriuan most bi at de eirport bai ten ei em]
todo el mundo tiene que estar en el aeropuerto antes de las 10 de la mañana

For [for] para, por

Se utiliza la preposición **for**:

1. En las mismas situaciones en que se usa la preposición «para» en castellano, pero a veces es traducido por «por».
2. Algunos verbos siempre emplean esta preposición: **to look for** (buscar), **to wait for** (esperar), **to pay for** (pagar por algo o alguien)...

there is a phone call for you
[zer is a foun col for iu]
Hay una llamada para ti/usted

excuse me, I am looking for the post office, can you help me?
[ecscius mi, ai am luking for de poust ofis, can iu jelp mi]
perdone, estoy buscando la oficina de correos, ¿me puede ayudar?

In/Into [in/intu] en, por

Se utilizan las preposiciones **In/Into**:

1. **In** es la traducción de «en», cuando no hay movimiento, cuando algo es fijo o se encuentra habitualmente en un lugar.
2. También se utiliza **in** para los meses, los años, las estaciones del año y las partes del día, menos la noche.
3. En cambio, **into** se utiliza cuando hay movimiento.

Barcelona is in Catalonia
[barselouna is in catalounia]
Barcelona está en Cataluña

the film is in English
[de film is in inglish]
la película es en inglés

in June, in spring, in 1999, in the morning...
[in chun, in spring, in 1999, in de morning...]
en junio, en la primavera, en 1999, por la mañana...

we went into the gallery to see the exhibition
[güi uent intu de galAERi tu si de exsibishon]
entramos en la galería para ver la exposición

On/Onto [on] en, sobre

Se utilizan las preposiciones **On/Onto**:

1. La preposición **on** se utiliza con los días de la semana y los días festivos.
2. También se utiliza para las direcciones: en calle/plaza...
3. Describe la acción de estar en o encima de una superficie, cuando no hay movimiento.
4. En cambio, **onto** describe la acción de poner algo en, o encima de alguna superficie.

on Saturday, on Christmas Day, on my birthday...
[on satᴀᴇrdei, on crismas dei, on mai berzdei...]
el sábado, el día de navidad, el día de mi cumpleaños...

on Oxford St., on Fifth Avenue, on Tibidabo...
[on ocsfoerd strit, on fifth aviniu, on tibidabo]
en la calle Oxford, en la Quinta Avenida, en Tibidabo...

the newspaper is on the table
[de niuspaiepᴀᴇr is on de teibol]
el periódico está en la mesa

please put all hand-luggage onto the overhead compartments
[plis pot ol jand-logich ontu de ovᴀᴇrjed compᴀrtmᴀents]
por favor, ponga todo su equipaje de mano en los compartimentos encima de su asiento

From [from] desde

Se utiliza de la misma manera que «desde» en castellano.

I am from Dublin
[ai am from doblin]
soy de Dublín

that train goes from London to Glassgow
[zat trein goᴜs from londᴀᴇn tu glasgoᴜ]
aquel tren va desde Londres hasta Glassgow

With [wiz] con

Se utiliza de la misma manera que «con», menos con los verbos mencionados en el apartado **to**.

I'd like a coffee with milk
[aid laik a cofi wiz milk]
quisiera un café con leche

we are travelling with some friends
[güi ar travaɛling wiz som frends]
estamos viajando con algunos amigos

Of [ov] de

Se utiliza la preposición **of**:

1. De la misma manera que su traducción en castellano, menos para expresar posesión, donde se emplea el genitivo ('s).
2. Para describir grupos o colecciones de cosas.

a group of tourists
[a grup ov turists]
un grupo de turistas

a book of poetry
[a buk ov poetri]
un libro de poesía

At [at] en, a por

Se utiliza la preposición **at**:

1. Para expresar la hora.
2. Para expresar la idea de estar en un sitio, cuando se trata de un lugar habitual como el trabajo, la escuela, etc.
3. Para expresar la idea global de estar en un sitio, sin especificar dónde exactamente.
4. Para indicar un concierto, o cualquier espectáculo.

5. Para referirse a los periodos festivos.
6. Junto con **night** y **weekend**.

at 10.30/2.15/7.45...
[at 10.30, 2.15, 7.45...]
a las 10.30, 7.15, 7.45...

he is at work/university/school...
[ji is at uerc/iuniversiti/skul...]
el está en el trabajo/la facultad/la escuela...

they are at the pool
[zei ar at de pul]
ellos están en la piscina (no necesariamente
dentro de la piscina)

at a concert/a football match/the zoo
[at a consert/a futbol match/de tsu]
en un concierto/un partido de fútbol/el zoo

at Christmas/Easter/...
[at crismas/istaer/...]
en navidades/en semana santa/...

at night, at the weekend
[at nait, at de uiøkend
por la noche, el fin de semana

Las preguntas

Para formar las preguntas se utiliza también el verbo auxiliar
do. Son una excepción los verbos **to be**, **have got**, **can** y los
auxiliares de futuro y condicional (**will**, **would**), que forman la
interrogación invirtiendo el orden del sujeto y el verbo:

are you Spanish?   **can you speak English?**
[ar iu spanish]   [can iu spik inglish]
¿eres español?   ¿sabes hablar inglés?

will you phone a taxi, please?
[güil iu foun a taxi plis]
¿puede llamar un taxi, por favor?

Would you like a cup of coffee?
[güd iu laik a cup of cofi]
¿le gustaría tomar un café?

did you enjoy the film?
[did iu enshoi de film]
¿te gustó la película?

do you speak Spanish?
[du iu spik spanish]
¿habla(s) español?

do you know where the nearest bank is?
[du iu nou güer de nirest banc is]
¿sabe dónde está el banco más cercano?

Los saludos

hello!   ¡hola!
saludo formal/informal

goodbye!   ¡adiós!
despedida formal/informal

hi!/hiya!   ¡hola!
saludo informal, entre amigos

bye!/see ya!   ¡hasta luego!
despedida informal, entre amigos

good morning   buenos días
saludo más formal

good afternoon   buenas tardes
saludo de la tarde más formal (hasta las 6)

good evening   buenas tardes
saludo de la tarde más formal (a partir de las 6)

good night   buenas noches
despedida por la noche, o antes de irse a dormir.

Los números

0	**zero**	[tziro]
1	**one**	[uan]
2	**two**	[tu]
3	**three**	[zri]
4	**four**	[for]
5	**five**	[faiv]
6	**six**	[six]
7	**seven**	[seven]
8	**eight**	[eit]
9	**nine**	[nain]
10	**ten**	[ten]
11	**eleven**	[ileven]
12	**twelve**	[tuelv]
13	**thirteen**	[zirtin]
14	**fourteen**	[fortin]
15	**fifteen**	[fiftin]
16	**sixteen**	[sixtin]
17	**seventeen**	[seventin]
18	**eighteen**	[eitin]
19	**nineteen**	[naintin]
20	**twenty**	[tuenti]
21	**twenty-one**	[tuenti-uan]
22	**twenty-two**	[tuenti-tu]
23	**twenty-three**	[tuenti-zri]
30	**thirty**	[zirti]
40	**forty**	[forti]
50	**fifty**	[fifti]
100	**a/one hundred**	[a/uan jondred]
101	**one hundred and one**	[uan jondred and uan]
150	**one hundred and fifty**	[uan jondred an fifti]
200	**two hundred**	[tu jondred]
500	**five hundred**	[faiv jondred]
1,000	**a/one thousand**	[a/uan zausend]
2,000	**two thousand**	[tu zausend]
5,000	**five thousand**	[faiv zausend]
25,000	**twenty-five thousand**	[tuenti-faiv zausend]
1,000,000	**a/one million**	[a/uan milion]

Al igual que los adjetivos los números en inglés no tienen variantes de género ni de número. Los puntos y las comas se utilizan de distinto modo que en castellano:

25,000,000	**200 pounds**
[tuenti-faiv milion]	[tu jondred paunz]
veinticinco millones	doscientas libras
10,000	**10.25**
[ten zausend]	[ten point tu faiv]
10.000	10,25

Los ordinales

1st	**first**	[ferst]
2nd	**second**	[second]
3rd	**third**	[zird]
4th	**fourth**	[forz]
5th	**fifth**	[fifz]
6th	**sixth**	[sixz]
7th	**seventh**	[sevenz]
8th	**eighth**	[eiz]
9th	**ninth**	[nainz]
10th	**tenth**	[tenz]
11th	**eleventh**	[ilevenz]
12th	**twelfth**	[tuelvz]
13th	**thirteenth**	[zirtínz]
20th	**twentieth**	[tuentiez]
21st	**twenty-first**	[tuenti-ferst]
22nd	**twenty-second**	[tuenti-second]

La fecha

En inglés se emplean los ordinales para expresar la fecha y, como se ha dicho, los días de la semana y los meses del año siempre se escriben con mayúsculas:

when is your birthday?
[¿güen is ior berzdei?]
¿cuándo es tu cumpleaños?

the thirteenth of September
[de zirtínz of september]
el trece de septiembre

the 8ᵗʰ of October
[de eiz of october]
el ocho de octubre

when is Halloween? The 31ˢᵗ of October
[¿güen is halogüin? de zirti-ferst of octouber]
¿cuándo es Halloween? El treinta y uno de octubre

Las horas

Para expresar la hora en inglés partimos de la división del reloj en dos partes, antes y después de «y media». Antes de la media hora se emplea la partícula **past** del siguiente modo: «los números + past + la hora», mientras que después de la media se emplea la partícula **to** del siguiente modo: «los minutos que faltan para la hora siguiente + to + la hora siguiente».

what time is it?	**it's eleven o'clock**	
[güat taim is it?]	[its ileven oucloc]	
¿qué hora es?	son las once	
two o'clock	[tu oucloc]	las dos en punto
ten past two	[ten past tu]	las dos y diez
a quarter past two	[a cuorter past tu]	las dos y cuarto
twenty-five past two	[tuentifaiv past tu]	las dos y veinticinco
half past two	[jalf past tu]	las dos y media
twenty-five to three	[tuentifaiv tu zri]	las tres menos veinticinco
a quarter to three	[a cuorter tu zri]	las tres menos cuarto

ten to three	[ten tu zri]	las tres menos diez
three o'clock	[zri oucloc]	las tres en punto

Se utiliza la preposición **at** para introducir una hora determinada:

what time do the shops open?	**at half past nine**
[¿güat taim du de shops open?	[at jalf past nain]
¿a qué hora abren las tiendas?	a las nueve y media

2 a.m.	[tu ei em]	las dos de la mañana
2 p.m.	[tu pi em]	las dos de la tarde
midday	[midei]	mediodía
midnight	[midneit]	medianoche
an hour	[an auer]	una hora
a minute	[a minit]	un minuto
a second	[a second]	un segundo
a few minutes	[a fiu minits]	unos minutos
a quarter of an hour	[a cuorter of an auer]	un cuarto de hora
half an hour	[jalf an auer]	media hora
three quarters of an hour	[zri cuorters ov an auer]	tres cuartos de hora

Aunque no es normal utilizar el reloj de veinticuatro horas en la conversación normal, es muy frecuente cuando se habla de los horarios de trenes y aviones, etc.

what time does the train leave?	**at 17.45**
[¿güat taim dos de trein liv?]	[at seventín forti-faiv]
¿a qué hora sale el tren?	a las diecisiete cuarenta y cinco

Tablas de conversión

1 centímetro = 0,39 pulgadas	1 pulgada = 2,54 cm
1 metro = 39,37 pulgadas	1 pie = 30,4 cm
= 1,09 yardas	

44

1 kilómetro = 0,62 millas   1 yarda = 0.91 m
           = 5/8 millas   1 milla = 1,61 km.

Km	1	2	3	4	5	10	20	30	40	50	100
Millas	0,6	1,2	1,9	2,5	3,1	6,2	12,4	18,6	24,8	31,0	62,1

Millas	1	2	3	4	5	10	20	30	40	50	100
Km	1,6	3,2	4,8	6,4	8,0	16,1	32,2	48,3	64,4	80,5	161

1 gramo = 0,035 onzas   1 kilo = 1000g = 2,2 libras

g	100	250	500
onzas	3,5	8,75	17,5

1 onza = 28,35 g
1 libra = 0,45 kg

Kg	0,5	1	2	3	4	5	6	7	8	9	10
Lb	1,1	2,2	4,4	6,6	8,8	11	13,2	15,4	17,6	19,8	22

Kg	20	30	40	50	60	70	80	90	100
Lb	44	66	88	110	132	154	176	198	220

Lb	0,5	1	2	3	4	5	6	7	8	9	10
Kg	0,2	0,5	0,9	1,4	1,8	2,3	2,7	3,2	3,6	4,1	4,5

1 litro = 1,75 pintas UK / 2,13 pintas US

1 pinta UK = 0,57 litros   1 galón UK = 4,55 litros
1 pinta US = 0,47 litros   1 galón US = 3,79 litros

Centígrados (Celsius) $C = (F - 32) \times 5/9$

C	-5	0	5	10	15	18	20	25	30	36,8	38
F	23	32	41	50	59	64	68	77	86	98,4	100,4

Fahrenheit $F = (C \times 9/5) + 32$

F	23	32	40	50	60	65	70	80	85	98,4	101
C	-5	0	4	10	16	18	21	27	29	36,8	38,3

Español

Inglés

A

a to [tu], at [at]
a Barcelona/Japón to Barcelona/Japan [tu Barcelona/chapan]
  a las siete at seven o'clock [at seven oucloc]
  al museo/aeropuerto to the museum/airport [tu de miuzium/eirport]

Todos los verbos de movimiento en inglés van seguidos de la preposición **to**: **I drive to work** [ai draiv tu uerc] Conduzco para ir al trabajo. **That train goes to Paris** [zat trein gous tu paris] Aquel tren va a París. **Home** es una excepción porque nunca va precedido de preposición: **I'm going home** [aim gouin joum] Me voy a casa. Para la hora se usa **at**: **at 12.30** [at tuelv zirti] a las 12.30, **at 7.15 pm** [at seven fiftín pi em] a las 7.15 de la tarde.

abajo below [bilou]
abdomen abdomen [abdomAEn]
abeja bee [bi]
abierto, a open [oupen]
abogado, a lawyer [loiyer]

En inglés existen varios términos para la palabra abogado. En EEUU se dice **attorney** o **lawyer**, pero en Gran Bretaña e Irlanda es más frecuente usar el término **solicitor** [solisitor], aunque también se usa el de **lawyer**.

abono season ticket [sison tiquet]; (pago parcial, plazo) installment [instolment]
abrazo hug [jog]
  un abrazo/abrazos (al despedirse) hugs and kisses [jogs and quises], lots of love [lots of lov]
abrebotellas bottle-opener [botAEl-oupener]
abrelatas tin-opener [tin oupener]
abrigo coat [cout]
abril April [eipril]
abrir to open [tu oupen]

diálogos

¿A qué hora abren las tiendas? What time do the shops open? [güat taim du de shops oupen] Normalmente abren a las nueve y media o las diez. They usually open at half past nine or ten. [dei normali oupen at jaf past nain or ten]

abuelo, a grandfather (grandmother) [granfazAEr (granmozAEr)]
  abuelos grandparents [granpairents]

Español → Inglés

Ab

49

aburrido, a boring [borin]; (persona) bored [bord]
  estoy aburrido I'm bored [aim bord]
acabar to finish [tu finish], to end [tu end]
  no acabo de entenderlo I still don't understand [ai stil dount onderstand]
acampar to camp [tu camp]
acantilado cliff [clif]
acceder to have access to something [tu jav acses tu somzin]
acceso access [acces]
accidente accident [accident]
  accidente de coche a car accident
  tener un accidente to have an accident [tu jav an accident]

 En caso de accidente o de necesitar una ambulancia u otro servicio de emergencia, debe llamar al ©999.

aceite oil [oyel]
aceiteras oil cruet [oil cruet]
aceituna olive [oliv]
acelerador accelerator [accelereitor]
acelerar to accelerate [tu accelereit]
acelga chard [chard], silver beet [silvаɛr bit]
acento accent [accent]
aceptar to accept [tu acsept](E)
  ¿aceptan cheques? do you take cheques/checks? [du iu teic checs]

acera pavement (UK) [peivment], sidewalk (US) [saidgüoc]
acercar to bring nearer/closer [tu bring nirer/clouser]
  ¿me acerca el cenicero? can you pass me the ashtray [can iu pas mi de ashtrei]
acidez acidity [aciditi]
  acidez de estómago heartburn [jartbаɛrn]
ácido, a acidic [acidic]
acompañar to go with someone [tu gou wiz somwan], to accompany someone [tu acompani somwan]
  le acompaño en el sentimiento my deepest sympathy [mai dipest simpathi]
  ¿me acompaña a la puerta? can you show me out? [can iu shou mi aut]
aconsejar to advise [tu advais]
acordarse to remember [tu rimember]
  no me acuerdo I don't remember [ai dount rimember]
acostarse to go to bed [tu gou tu bed]
  acostarse con alguien (fam) to sleep with someone [tu slip wiz somwan]
acotamiento hard shoulder [jard shouldаɛr]
actor, triz actor (actress) [actor (actris)]
acuario (de peces) an

aquarium [an aquerium]; (horóscopo) Aquarius [aquerius]

acuerdo agreement [agriment]

estoy de acuerdo I agree [ai agri]

adaptador (de enchufe) adaptor [adaptor]

adelantado, a (reloj) fast [fast]

pagar por adelantado to pay in advance [tu pei in advans]

adelante (en tiempo) forward [foruerd]; (en espacio) ahead [ajed]

más adelante later [leiter]; (en espacio) further on [forzaer on]

además moreover [morovaer]

además de as well as [as güel as]

adhesivo, a adhesive [adjisiv]

adiós goodbye [gudbai], bye [bai]

admitir to admit [tu admit], to accept [tu acsept]

¿admiten cheques? do you accept cheques? [du iu acsept checs]

adonde where to? [güer tu?]

adoptar to adopt [tu adopt]

aduana customs [costoms]

aduanero customs officer [costoms ofiser]

adulto, a adult [adolt]

aéreo, a aerial [eirial]

tráfico aéreo air traffic [eir trafic]

aerolínea airlines [eirlains]

aeropuerto airport [eirport]

al aeropuerto, por favor to the airport, please [tu de eirport plis]

afeitarse to shave oneself [tu sheiv uanself]

afuera outside [autsaid]

las afueras the outskirts [de autskerts]

agarradera handle [jandael]

agencia agency [eichenci]

agencia de viajes travel agency [travel eichenci]

agenda (personal) diary [daieri]; (de trabajo) agenda [achenda]

agosto August [ogust]

agradecer to thank [tu zanc]

se lo agradezco thankyou very much [zanciu veri moch]

agradecido, a grateful [greitful]

muy agradecido very grateful [veri greitful]

agua water [uotaer]

¿me da un poco de agua? could you give me some water? [kud iu giv mi som uotaer?]

agua de colonia eau de cologne [o de coloun]

agua oxigenada hydrogen peroxide [haidrogen peroxaid]

agua potable/no potable drinking water/undrinkable [drinquin uotaer/undrincabol uotaer]

agua con/sin gas fizzy/still water [Fitsi/stil outaer]

aguja needle [nidael]

agujero hole [joul]

ahí there [zer]

ahora now [nau]
 ¡hasta ahora! see you in a while [si iu in a guail], see you in a minute [si iu in a minit]
aire air [eir]
 aire acondicionado air conditioning [eir condishonin]
ajo garlic [garlic]
al to [tu]
 voy al cine I'm going to the cinema [aim gouing tu de sinema]
ala wing [güin]
 ala delta hang glider [jang glaider]
alargador extension lead [extenshaɛn líd]
alarma alarm [alarm]
albaricoque apricot [eipricot]
alberca swimming pool [suimin pul]
albergue hostel [jostel]
 albergue juvenil youth hostel [iuz jostael]
alcachofa artichoke [artichouc]
alcalde, esa mayor, mayoress [meiur, meiures]
alcohol alcohol [alcojol]
alegrarse to be pleased [tu bi plist], to be happy [tu bi japi]
 me alegro de verle it's lovely to see you [its lofli tu si iu]
alegre (persona) happy [japi], cheerful [chirful]
alérgico, a allergic [alerchic]
alfombra rug [roeg]
algo something [somzin]
algodón cotton [cotaɛn]

alguien someone [somuan]
algún one [uan], some [som]
alguno, a (indeterminado) some, one [som, uan]; (en interrogativas) any [ani]
 algo de beber something to drink [somzin tu drink]
allá over there [over zer]
 más allá beyond [biond], further [faɛrzaɛR]
allí there [zeir]
 por allí around there [around zer]
almacén warehouse [güerjaus]
 grandes almacenes department store [department stor]
almohada pillow [pilo]
almorzar to have lunch [tu jav loench]
almuerzo lunch [loench]

En el Reino Unido, Irlanda y EEUU. Se suele comer entre las 12.30 y las 14.00 h. Además, el almuerzo suele ser una comida bastante ligera, porque la mayoría de la gente no dispone de mucho tiempo al mediodía para comer.
En general, la comida principal es la cena.

alojamiento accomodation [acomodeishon]
 alojamiento y desayuno bed and breakfast [bed and brekfaɛst]

En Inglaterra e Irlanda el alojamiento más recomendable es el **Bed & Breakfast**. Generalmente, son casas particulares construidas, o adaptadas, para este fin, y tal como indica el nombre, este tipo de alojamiento incluye una habitación (con o sin baño según la casa) y un desayuno abundante, típico de las islas británicas. Muchas veces están señaladas con las siglas **B&B**.

alojarse to stay [tu stei]
alpinismo mountaineering [mautʌɛniring]
alquilar to rent [tu rent], to hire [tu jair]
alquiler rent [rent]
 alquiler de coches [car rental]car rentʌɛl
 de alquiler rented [rented]

El verbo **to rent** es muy genérico, se puede aplicar a casi todo. Se utiliza más el verbo **to hire** para el alquiler de máquinas, equipos deportivos, etc., pero no para el alojamiento. Normalmente, cuando algo (una casa, un coche, etc.) está en alquiler, hay un cartel que pone **to rent**, aunque también se puede ver **to let** cuando se trata de alojamiento.

alrededor around [araund]
 alrededor de around/ surrounding [araund/ suraundin]

alrededores the surrounding area [de suraunding eiria]
alto, a (persona) tall [toul]; (montaña, edificio) high [jai]
¡alto! stop! [stop]
altura height [jait]
alud avalanche [avalanch]
alumno, a student [stiudent]
ama: ama de casa housewife [jausuaif]
amable kind [caind]
 ¿sería usted tan amable de...? would you be kind enough to...? [Güd iu bi caind inof tu.....]
amanecer dawn [daun]
amapola poppy [popi]
amar to love [tu lov]
amargo, a bitter [bitʌɛr]
amarillo, a yellow [hielo]
ambos, as both [bouz]
ambulancia ambulance [ambiulans]
ambulatorio health clinic [jelz clinic]
amigo, a friend [frend]
amor love [lov]
 hacer el amor to make love [tu meic lov]
amplio, a (para espacios) spacious [speishus], wide [guaid]
ampolla blister [blistʌɛr]
analgésico painkiller [peinkilʌɛr]
ancho, a wide [guaid]
andar to walk [tu güoc]
 ¿se tarda mucho en llegar

andando? Does it take long to walk there? [dos it teic long tu güoc zer]

andén platform [platform], track (US) [trac]

diálogos

¿De qué andén sale el tren a Glasgow, por favor? Which is the platform for Glasgow, please? [uich is de platform for glasgou plis]

El tren a Glasgow sale del andén número 6. The train to Glasgow leaves from platform 6. [de tren tu glasgou livs from platform six]

anillo ring [ring]
  anillo de boda wedding ring [uedín ring]

anoche last night [last nait]

anochecer nightfall [naitfol], dusk [dosc]

ante before [bifor], in front of [in front of]

anteayer the day before yesterday [de dei bifor iesterdei]

anteojos glasses [glases]

antes before [bifor]

anular to cancel [tu cansel]
  quiero anular una reserva I'd like to cancel a reservation [aid laik tu cansel a reserveishon]

año year [yir]

aparcamiento car park (UK) [car parc], parking lot (US) [parquin lot]; (plaza) parking space [parquin speis]

aparcar to park [tu parc]
  ¿puedo aparcar aquí? is it okay to park here? [is it oquei tu parc jir?]

apartamento apartment [apartment]

aparte aside [asaid]
  bromas aparte, ... jokes aside, ... [joucs asaid]
  un caso aparte a different matter [a diferᴀent matᴀer]
  aparte de [apart from]apart from, except for [ecsept for]

aparthotel hotel apartments [joutel apartments]

apeadero halting place [joltin pleis]

apellido surname (UK) [serneim], name (US) [neim]

 En el Reino Unido e Irlanda se utiliza **surname** para el apellido y **name** para el nombre. Sin embargo, en EEUU se emplea **name** para designar el apellido y **first name** para el nombre. En todos los países anglosajones es habitual usar sólo un apellido, porque la mujer normalmente pierde su apellido al casarse. En los últimos años se ha puesto de moda conservar el apellido de la mujer, se sitúa antes del apellido del hombre y, generalmente, unidos con un guión (**Smith-Jones**).

diálogos

> ¿Cómo se llama usted?
> What's your name? [guats ior neim]
> Me llamo Linda Baker.
> My name is Linda Baker. [mai neim is linda beiquer]
> ¿Podría deletrear su apellido, por favor?
> Could you spell your surname, please? [cud iu spel ior serneim plis]

aperitivo (bebida) aperitif [aperitif]

Tomar un aperitivo antes de comer no es una costumbre tan arraigada en los países anglosajones como lo es en Inglaterra, Irlanda o los EEUU como en los países mediterráneos, al menos no cada día, más bien los fines de semana o los días festivos. Si se toma antes de comer, se dice **aperitifs** y si se toma antes de cenar se dice **cocktails**.

aquí here [jir]
arancel tariff [tarif], duty [diuti]
araña spider [spaider]
arcén (autopista) hard shoulder [jard shouldAer]; (carretera) verge [verch]

---

archipiélago archipelago [archipelago]
arco: arco iris rainbow [reinbou]
ardor (calor) heat
  ardor de estómago heartburn [jartbAern]
arena sand [sand]
arete earring [iering]
aries Aries [eiris]
arriba up [op], above [abof]
  ir hacia arriba to go up [to gou op]
arroz rice [rais]
  arroz integral brown rice [braun rais]
ascensor lift (UK) [lift], elevator (US) [eleveitor]
aseos the toilets (UK) [de toilets], the bathroom (US) [de bazrum]

En el Reino Unido e Irlanda, los aseos se indican con la palabra **Toilets**; el de caballeros es **Gents** [chents] y el de señoras **Ladies** [leidis]. En EEUU se usa **Bathroom** o **Restroom** [restrum].

diálogos

> Perdone, ¿dónde están los aseos? Excuse me, where are the toilets? [ecscius mi güer ar de toilets]
> Al fondo y a la derecha. At the end, on your right. [at de end on ior rait]

asiento seat [sit]

aspirina aspirin [asprin]

ataque: ataque al corazón heart attack [jart atac]

  ataque de nervios nervous breakdown [nervAES breicdaun]

atardecer dusk [dosc]

atender (cliente) to serve [tu serv], to take care of [tu teic queir ov]

  ¿me puede atender? Can you serve me, please? [can iu serv mi plis]

aterrizaje landing [landin]

  un aterrizaje forzoso an emergency landing [an imerchenci landin]

atletismo athletics [azletics]

atracar to mug [tu mog], to rob [tu rob]; (barco) to dock [tu doc]

atraco robbery [roberi]

atrás (posición) behind [bijaind]; (tiempo) before [bifor]

atropellar to run over [tu ron ovAER], to knock down [tu noc daun]

aún yet [iet], still [stil]

  aun even [iven]

auricular receiver [resiver]

auto car [car]

autobús bus [bos]

  ¿qué autobús va a...? which bus goes to...? [güich bos gous tu]

  autobús de línea suburban line buses [soberban lain boses]

En el Reino Unido e Irlanda muchos de los autobuses tienen dos pisos, y son de distintos colores según la ciudad; por ejemplo, en Londres son de color rojo, mientras que en Dublín son de color verde.

diálogos

> ¿Este autobús va a...?
> Does this bus go to...?
> [dos zis bus gou to]
> No, tiene que tomar el número... No, you need a number... [no iu nid a nomber]

autocar coach [couch]

autocaravana motor home [motor joum]

automóvil car (UK) [car], automobile (US) [automobil]

autopista motorway (UK) [motoruei], freeway (US) [friuei]

autoservicio self-service restaurant/shop [self servis restAEront/shop]

autostop hitch-hiking [jitch jaiquin]

autovía dual-carriageway (UK) [duel carichguei], state highway (US) [steit jaiguei]

auxilio help [jelp], assistance [asístans]

ave bird [bAErd]

avenida avenue [aveniu]

avería (coche) breakdown [breicdaun]; (máquina) fault [folt]

avión plane [plein]

avioneta light aircraft [lait eircraft]

avisar to tell [tu tel], to warn [tu uorn]

avisa al médico call the doctor [col de doctAER]

aviso notice [noutis], warning [uornin]

 En inglés se utilizan dos palabras distintas para avisar. Se utiliza el verbo **notice** cuando es un aviso normal, y se utiliza **warning** cuando es una advertencia. Cuando se puede sustituir avisar por llamar, se utiliza **call**.

avispa wasp [uasp]

axila armpit [armpit]

ayer yesterday [iersterdei]

ayuda help [jelp], assistance [asistans]

ayuda en carretera road assistance [roud asistans]

ayuntamiento Town Hall [taun jaul]

 El término Town Hall designa el ayuntamiento de una ciudad pequeña o mediana, y cuando se trata de una ciudad grande se dice **City Hall** [siti jaul].

azafata hostess [jostes]

azúcar sugar [shogAER]

azul blue [blu]

B

babor port [port]

bahía bay [bei]

bajada descent [disent]

bajada de bandera minimum fare [minimom feir]

bajo, a (edificios, montañas) low [lou], short [short]

bajo under [onder]

balcón balcony [balconi]

balneario health spa [jelz spa]

baloncesto basketball [basquetbol]

balonmano handball [jandbol]

banco (dinero) bank [banc]; (asiento) bench [bench]

banqueta pavement (UK) [peivment], sidewalk (US) [saidgüoc]

bañador (de mujer) swimsuit [suimsut]; (de hombre) swimming trunks [suimin truncs]

bañera bath [baz]

bar bar [bar], pub (UK) [pob]

bar musical music bar [miusic bar]

En el Reino Unido e Irlanda, el **pub** es el punto de encuentro social de la gente. Además de tomar algo,

Ba

Ba

también se puede comer, y muchas veces hay música en vivo.

barato, a cheap [chíp]
  ¿tiene algo más barato? do you have anything cheaper? [du iu jav enizin chíper]
barca small boat [smol bout], dinghy [dingui]
barco boat [bout]; (grande) ship [ship]
barriga belly [belì]
barrio area [eiria], neighbourhood [neiborhud], district [district]
bastante quite [quait], pretty [priti]
basura rubbish (UK) [robish], trash (US) [trash]
batería battery [bateri]
  aparcar en batería to park at an angle to the pavement [tu parc at an angᴁel tu de peivment]
baúl trunk [tronc], chest [chest]; (maletero) boot (UK) [but], trunk (US) [tronc]
bazar bazaar [basaar]
bebé baby [beibi]
beber to drink [tu drinc]
  no gracias, no bebo no thanks I don't drink [no zancs, ai dount drinc]
  para beber quiero agua I'll have water [ail jav uoter]
bebida drink [drinc]
beige beige [beige]

berenjena aubergine (UK) [obershin], eggplant (US) [egplant]
bermudas bermudas [bermiudas]
besarse to kiss [tu kis]
beso kiss [kis]
biberón baby's bottle [beibis botᴁel]
biblioteca library [laibreri]
bicicleta bicycle [baisicol]
  bicicleta de montaña mountain bike [mauntᴁen baik]
bien well/good [güel/gud], fine [fain], okay [oquei]
  no me encuentro bien I don't feel well [ai daunt fil güel]
  ¡bien! good!/okay! [gud!/oquei!]
  me parece bien that's fine with me [zats fain uiz mi]
bienvenido, a welcome [güelcom]
  ¡bienvenidos! welcome! [güelcom!]
billar billiards [bilierds]
  billar americano pool [pul]
billete ticket [tiquet]
  billete de ida one-way ticket [uan-uei tiquet]
  billete de ida y vuelta return ticket (UK) [ritᴁern tiquet], round-trip ticket (US) [raundtrip tiquet]
  sacar un billete to get/buy a ticket [tu guet/bai a tiquet]

58

diálogos

Un billete de ida y vuelta a Nueva York, por favor. A return ticket to New York, please. [a ritɅɛrn tiquet tu niu york plis]

¿Cuándo quiere volver? Returning when? [ritɅɛrnin güen]

No lo sé. ¿Puedo mantener la vuelta abierta? I'm not sure. Can I have an open return? [aim not shiur can ai jav an open ritɅɛrn?]

Sí. Yes. [ies]

Son cien doláres, por favor. That'll be 100 dollars, please. [zatol bi uan jondred dolars plis]

biquini bikini [biquini]
blanco, a white [guait]
boca mouth [mauz]
 boca de metro entrance to the tube/underground (UK)/subway (US) [entrans tu de tiub/ondergraund/ subuei]
bocacalle entrance to a street [entrans tu a strit], turning [ternin]
bocadillo sandwich [sanuich]
bocina horn [jorn]
boda wedding [uedin]
bolera bowling alley [boulin ali]

boleto ticket [tiquet]
bolígrafo pen [pen]
bolos skittles [squitels]
bolsa bag [bag]
 bolsa de viaje travel bag [travel bag]
bolsillo pocket [poquet]
bolso bag [bag]; (de mujer) handbag [janbag]
bomberos fire brigade [faierbrigeid]
bombilla light bulb [lait bulb]
bombona cylinder [silendɅɛr]
 bombona de butano (butane) gas cylinder [(biutein) gas silendɅɛr]
bonito, a pretty [priti]
bono voucher [vaucher]
bonobús bus pass [bos pas], multi-journey ticket [multi-cherni tiquet]

 Los abonos de autobús y tren en todas las estaciones de tren, y en la mayoría de los **Newsagents** [niuseichents] (tienda que vende periódicos, tabaco, golosinas y material de papelería). También se pueden comprar en el mismo autobús.

bordillo kerb [querb]
borracho, a drunk [dronc]
bosque (grande) forest [forest]; (pequeño) wood [uud]
bota boot [buut]
 botas de agua wellies (wellingtons) [uelis (uelintons)]

diálogos

Un bonobús, por favor.
A ten-journey bus
ticket, please. [a ten shiurni
bos tiquet plis]
¿Sólo para el autobús, o
también para el tren?
Bus only, or bus and
train? [bos onli or bos and
tren]
Autobús y tren, por favor.
Bus and train, please.
[bos and tren plis]
Son quince libras, por
favor. That's 15 pounds,
please. [zats fiftin paunds
plis]

botas de esquiar ski boots
[squi buuts]
botas de montar riding
boots [raidin buuts]
bote (envase) jar [char]; (barca)
boat [bout]
bote salvavidas lifeboat
[laifbout]
botella bottle [botʌel]
botellín small bottle [smol
botʌel]
botiquín first-aid kit [ferst-eid
kit]
botones bellboy (UK) [belboi],
bellhop (US) [beljop]
boxeo boxing [boxin]
boya bouy [boi], float [flout]
bragas knickers [niquers]
brazo arm

Británico, a British [british]
brocha: brocha de afeitar
shaving brush [sheivin
brosh]
bronceador suntan
lotion/cream [sontan
loshon/crim]
brújula compass [compas]
bucear to (scuba)dive [tu
(scuba)daiv]
bueno, a good [gud], kind
[caind]
¡buenas noches! good
night! [gud nait]
¡buenas tardes! good
afternoon/evening! [gud
afternun/ivenin]
¡buenas! hello! [jelou]
¡buenos días! good
morning [good morning!]

 Se dice **good afternoon**
desde el mediodía hasta
las 18 h. Entre las 18
y las 21 h se dice **good evening**.
A partir de las 22 h se dice **good
night**.

bufanda scarf [scarf]
bufé buffet [bofei]
bufé libre open buffet [oupen
bofei]
bujía spark plug [sparc plog]
bungaló bungalow
[bungalou]
burro, a donkey [donqui]
buscar to look for [tu luk for]
estoy buscando... I'm
looking for... [aim lukin for]

butaca armchair [armcheir]; (en teatro) seats [sits]

buzón (público) postbox (UK) [poustbox], mailbox (US) [meilbox]; (particular) letterbox (UK) [letʌerbox], mailbox (US) [meilbox]

 En Inglaterra los buzones suelen ser de color rojo, en Irlanda de color verde, y en EEUU de color metálico. En el Reino Unido e Irlanda se distingue entre el de la calle (**postbox**) y el de casa (**letterbox**), pero en EEUU se utiliza la misma palabra para ambos (**mailbox**).

C

caballeros (aseos) Gents [chents]; (en grandes almacenes) Menswear [mensuer]

caballitos merry-go-round [meri-gou-raund]

caballo horse [jors]
  montar a caballo horse-riding [jors-raidin]

cabaña cabin [cabin], hut [joet]

cabello hair [jeir]

caber to fit [tu fit]
  esta talla no me cabe this size doesn't fit me [zis sais dosent fit mi]

cabeza head [jed]
  me duele la cabeza I have a headache [ai jav a jedeic]

cabina (de teléfono) phonebox [founbox]

cabo cape [keip]

caca *fam* poo [pu]

cada every [evri], each [ich]
  cada día everyday [evridei]

cadena chain [chein]; (de música) stereo (system) [sterio (sistem)]
  cadena montañosa mountain range [maunten reinch]
  cadenas (tyre) chains [(tair) cheins]

cadera hip [jip]

caducar to expire [tu expair]; (comida) to pass its sell-by-date [tu pas its sel-bai-deit]

caer to fall [tu fol]
  caerse to fall down/over [tu fol daun/ovʌer]
  se ha caído its folen daun [its faulen daun]

café coffee [cofi]
  un café, por favor a coffee, please [a cofi plis]

diálogos

Dos cafés, por favor.
Two coffees, please. [tu cofis plis]
¿Con leche y azúcar?
With milk and sugar?
[wiz milc and shugoer]
Uno con y uno sin, por favor. One with and one without, please. [uan wiz and uan wizaut plis]

cafetera coffee-pot [cofi-pot], coffee-maker [cofi-meiquer]
cafetería cafe [cafe]
caja box [box]; (en tiendas) cashdesk [kashdesc], checkout [checaut]
caja de ahorros savings bank [seivins banc]
caja fuerte safe [seif]
cajero, a cashier [cashir]
cajero automático cash machine/dispenser [cash mashin/dispensAER]
cala cove [COUV]
calabacín courgette (UK) [coershet], zucchini (US) [zuquini]
calambre (electricidad) electric shock [electric shoc]; (muscular) cramp [cramp]
calcetines socks [sox]
calculadora calculator [calciuleitor]
calefacción heating [jítin]
calefacción central central heating [central jítin]
calendario calender [calendAER]
caliente hot [jot]
callar to be quiet [tu bi cuaiet]
¡cállese! be quiet! [bi cuaiet!]; *fam* shut up! [shot op]
calle street [strit], road [roud]
¿dónde está la calle...? Where is... Street? [güer is... strit]
calle comercial shopping street [shopin strit]

La abreviatura de **street** es **St.**, y la abreviatura de **road** es **Rd.**

callejero street map [strit map]
calmante sedative [sedativ]
calor heat [jiit]
hace calor it's hot [its jot]
tengo calor I'm hot [aim jot]
calzoncillos underpants [ondAERpants]
cama bed [bed]
me voy a la cama I'm going/off to bed [aim gouin/of tu bed]
cama de matrimonio a double bed [a dobel bed]
cama individual a single bed [a singAEl bed]
cama supletoria extra bed [extra bed]
cámara camera [camra]
camarero, a waiter (waitress f) [ueitAER (ueitres)]
¡camarero, por favor! waiter, please! [ueitAER plis]
camarote cabin [cabin]
cambiar to change [tu cheinch]
¿puede cambiarme este billete? can you change this for me? [can iu cheinch zis for mi]
cambiarse de ropa to change clothes [tu cheinch clouzs]
cambio change [cheinch]
no tengo cambio I've no change [aiv no cheinch]

cambio de marchas gear change [gir cheinch]

cambio de moneda o de divisas foreign exchange [foren excheinch]

caminar to walk [tu güoc]

camino (sendero) path [paz]; (ruta) way [uei]

camión lorry (UK) [lori], truck (US) [troc]

camioneta van [van]

camisa shirt [shert]

camiseta (ropa interior) vest [vest]; (de verano) T-shirt [tishert]

camisón nightdress [naitdres]

campanario bell tower [bel tauer]

cámping campsite [campsait]

hacer cámping to go camping [tu gou campin]

campo field [field]; (campiña) countryside [contrisaid]

campo de deportes sports field/ground [sports field/graund]

campo de golf golf course [golf cors]

campo de fútbol football field/ground [futbol field/graund]

Canadá Canada [canada]

Canadiense Canadian [caneidian]

canal channel [chanAEl]; (de agua) canal [canal]

cancelar to cancel [tu cansel]

cáncer (horóscopo) Cancer [cancer]

cáncer (enfermedad) cancer [cancer]

canciller chancellor [chanselor]

canción song [song]

canguro (animal) kangaroo [cangarú]; (para niños) babysitter [beibisiter]

cansado, a tired [taierd]

estoy cansado I'm tired [aim taierd]

cantar to sing [tu sing]

cantimplora water bottle [uotAEr botAEl]

caña cane [quein], rod [rod]

caña de pescar fishing rod [fishin rod]

cañería pipe [paip]

cañón cannon [canon]; (geografía) canyon [canyon]

capilla chapel [chapAEl]

capital capital [capitAEl]

capricornio Capricorn [caprecorn]

cara face [feis]

carajillo coffee with a dash of liquer [cofí wiz a dash of liciur]

caravana caravan [caravan]; (tráfico) traffic jam [trafic cham]

cárcel jail [cheil]

carnaval carnival [carnevAEl]

carne meat [mit]

carné card [card]

carné de conducir driving licence [draivin laisens]

carné de identidad identity card [aidentiti card]

carnicería butcher's [bochers]

caro, a expensive [ecspensif]

carpintería (local) carpenter's shop [carpenters shop]

carrera race [reis]

carrete (de fotos) roll of film [roul of film]

carretera road [roud]

¿esta carretera va a...? Does this road go to...? [dos zis roud gou tu]

carretera comarcal B road [Bi roud]

carretera nacional A road [ei roud], state highway (US) [steit jaiuei]

carril lane [lein]

carrito (portaequipajes) (luggage) trolley [(logich) troli]

carro car [car]

carta letter [letaer]; (en restaurante) menu [meniu]

¿puede traerme la carta, por favor? can you bring me the menu, please? [can iu bring mi de meniu, plis]

¿tiene cartas par mí? do you have any letters for me? [du iu jav eni letaers for mi]

cartel poster [pouster]

cartelera entertainments page [enterteinments peich]

estar en cartelera to be showing [tu bi shouin]

cartera wallet [uolet]

me han robado la cartera my wallet has been stolen [mai ualoet jas bín stoulen]

cartero, a postman

(postwoman) [poustman (poustuoman)]

cartilla card

cartilla de la Seguridad Social Social Security Card [soushal seciuriti card]

casa house [jaus]

casa de huéspedes guesthouse [guestjaus]

casado, a married [marid]

recién casados just married [chost marid]

casarse to get married [tu guet marid]

cascada waterfall [uotaerfol]

casco (para la cabeza) helmet [jelmet]

casco antiguo o viejo the old part of the town [de ould part of de taun]

casero, a (comida) home-made [joum-meid]

casero, a (propietario) landlord (landlady) [landlord (landleidi)]

caseta (de playa, piscina) changing room [cheinchin rum]

casete cassette recorder [caset ricorder]

casi almost [olmoust], nearly [nírli]

castellano, a Castilian [castilian]

castellano (Castilian) Spanish [(castilian) spanish]

castillo castle [casael]

casualidad coincidence [couinsedens]

¡qué casualidad! what a coincidence! [uat a couinsedens]

catarata waterfall [uotAErfol]
catarro cold [could]
  tengo catarro I have a cold [ai jav a could]
catedral cathedral [cazidrol]
católico, a catholic [cazolic]
caverna cave [queiv], cavern [cavAErn]
caza (acción) hunting [jontin]; (animales) game [geim]
  caza mayor/menor big/small game [big/smol geim]
cazadora bomber style jacket [bomer stail shaquet]
cebolla onion [onyen]
ceder to give way [tu gif uei], to hand over [tu jand ouver]
  ceda el paso (señal) yield, right of way [ield, rait of uei]
cédula: cédula de identidad identity card [identiti card]
ceja eyebrow [aibrau]
cementerio cemetery [semetri], graveyard [greiviard]
cena evening meal [ivenin mil]

diálogos

> Quería una mesa para dos para cenar. I'd like a table for two for dinner. [aid laik a teibol for tu for diner]
> ¿Fumadores o no fumadores? Smoking or non-smoking? [smouquin or non-smouquin]

> Fumadores, por favor. Smoking, please. [smouquin plis]

cenar to have dinner [tu jav diner]
cenicero ashtray [ashtrei]
centígrado Centigrade [sentigreid]
centímetro centimetre [sentimiter]
céntimo (moneda) cent [sent]
  estar sin un céntimo to be flat broke [tu bi flat brouk]
centralita switchboard [suitchbord]
centro centre [sentAEr],
  centro ciudad city centre [siti sentAEr]downtown (US) [dauntaun]
  centro comercial shopping centre [shopin sentAEr]shopping mall [shopin maul]

diálogos

> Perdone, ¿cómo llego al centro de la ciudad? Excuse me, which way to the city centre? [eccsius mi uich uei tu de siti senter]
> Gire a la izquierda en el semáforo, luego siga recto, y en diez minutos estará en el centro de la

ciudad. Turn left at the traffic lights, then continue straight ahead and in ten minutes you will be in the centre of town. [tern left at de trafic laits zen continu streit ajed and in ten minits iu uil bi in de senter of taun]

Disculpe, ¿qué autobús he de tomar para ir al centro? Excuse me, which bus will take me to the city centre? [ecscius mi uich bos uil teic me tu de siti senter]

El 6, 7, 22 ó 24 pasan por el centro de la ciudad. The 6, 7, 22 and 24 all go to the city centre. [de six seven tuenti-tu and tuenti-for ol gou to de siti senter]

cepillo brush [brosh]
 cepillo de dientes toothbrush [tuzbrosh]
cerámica pottery [poteri]
cerca near [nír], close [clous]
 cerca de near [nír], close to [clous tu]
 por aquí cerca nearby [nírbai]
cercanías suburbs [sobAErbs], outskirts [autskerts]
 tren de cercanías suburban train [sobAErben trein]
cerdo pig [pig]; (carne) pork [porc]

cereza cherry [cheri]
cerrado, a closed [cloust]
cerrar to close [tu clous]
cervecería bar specialising in beer [bar speshAElaisin in bír]
chaleco waistcoat (UK) [ueistcout], vest (US) [vest]
 chaleco salvavidas life-jacket [laif-chaquet]
champú shampoo [champú]
chaqueta jacket [chaquet]
charcutería delicatessen [delicatesen]
chárter charter flight [charter flait]
cheque cheque (UK) [chec], check (US) [chec]
 admiten cheques cheques accepted [checs acsepted]
 cheque de viaje traveller's cheque [travelers chec]
chequera chequebook (UK) [checbuk], checkbook (US) [checbuk]
chiste joke [chouc]
 ¿te cuento un chiste? shall I tell you a joke? [shal ai tel iu a chouc]
chocar to crash [tu crash]
 he chocado contra un coche I crashed into a car [ai crasht intu a car]
chofer, chófer driver [draiver]
chubasquero cagoule [cagul], rain jacket [rein chaquet]
chupete soother (UK) [suzer], pacifier (US) [pasifayer]
ciclismo cycling [saiclin]
ciego, a blind [blaind]

cielo sky [skai]

cierto, a certain [serten]

  cierto true [tru]

  es cierto que... it's true that... [its tru zat]

  ¡cierto! certainly! [sertenli]

  por cierto by the way [bai de uei]

cigarrillo cigarette [sigaret]

cigarro cigarette [sigaret]; (habano) cigar [sigar]

cima peak [pic], summit [somAet]

cine cinema [sinema]

cinta tape [teip]

cintura waist [ueist]

cinturón belt [belt]; (vía pública) ring road [ring roud]

  cinturón de seguridad safety belt [seifti belt]

circo circus [sercoes]

circulación circulation [cerciuleishon]; (tráfico) traffic [trafic]

circular to circulate [tu sirciuleit]; (tráfico) to drive [tu draiv]

  circulan por la izquierda they drive on the left [zei draiv on de left]

circunvalación: carretera de circunvalación bypass, ring road [baipas, ring roud]

ciruela plum [plom]

cita appointment [apointmAent]

ciudad town [taun], city [siti]

  en el centro de la ciudad in the city centre/in the centre of town [in de siti sentAer/in de sentAer of taun]

  en las afueras de la ciudad on the outskirts of the city/town [on de autskerts of de siti/taun]

claro, a clear [clir]

  ¡claro! of course! [of cors]

clase class [clas]

  clase preferente club class [clob clas]

  clase turista tourist class [turist clas]

  primera clase first class [ferst clas]

diálogos

¿Primera clase o turista? First class, or tourist class? [ferst clas o turist clas]
¿Qué diferencia de precio hay? What's the price difference? [uats de preis diferens]
Un billete en primera clase cuesta... y en clase turista... A first class ticket costs... and in tourist class it costs... [a ferst clas tiquet costs... and in turist clas it costs]

clavel carnation [carneishon]

climatizado, a air-conditioned [eir-condishond]

clínica clinic [clinic]

cobrador, a collector [colectAEr]

cobrar (sueldo) to earn [tu oern]; (precio) to charge [tu charch]

¿me cobra, por favor? how much do I owe you? [jau moch du ai ou iu]

cobro payment [peiment]

a cobro revertido to reverse the charges [tu rivers de charches]

coche car [car]

coche cama sleeping car, sleeper [slipin car, sliper]

coche de alquiler rented car [rented car]

coche de línea long-distance taxi [long-distans taxi]

coche restaurante dining car [dainin car]

en coche by car [bai car]

cocina kitchen [kichAEn]

cocinero, a cook [cuk]

código code [coud]

código postal postal code (UK) [postal coud], zip code (US) [tsip coud]

codo elbow [elbou]

coger to take [tu teic]; (transporte) to get [tu guet]

¿puedo coger esto? can I take this? [can ai teic zis]

cojo, a (persona) lame [leim]; (mueble) wobbly [uobeli]

col cabbage [cabech]

cola queue [ciu]

hacer cola to queue [tu ciu]

diálogos

¿Es ésta la cola para comprar entradas? Is this the queue to buy tickets? [is zis de ciu tu bai tiquets]

No, esta es la cola para entrar, aquella de allí es la cola para comprar billetes. No, this is the queue to enter, that's the queue to buy tickets over there. [nou zis is de ciu tu enter, zats de ciu tu bai tiquets over der]

colada laundry [londri]

colcha bedspread [bedspred]

colchón mattress [matrAEs]

colchoneta mat [mat]; (hinchable) lilo (UK) [lailo], air bed (US) [eir bed]

colgar (teléfono) to hang up [tu jang op]

coliflor cauliflower [coliflauer]

colina hill [jil]

colitis stomach infection [stomac infecshon]

collar necklace [necleis]

color colour [coler], color [colAEr]

columna column [colAEm]

comarca region [ríchAEn]

combustible fuel [fiul]

comedor dining room [dainin rum]

comer to eat [tu it]

ya hemos comido, gracias

we've already eaten, thanks [uiv olredi iten zancs]

comida food [fúd]

  comida para llevar take-away food [teic-auei fúd]

  comida rápida fast food [fast fúd]

comisaría police station [polís steishon]

como how [jau]

  cómo how [jau]

  ¿cómo? sorry? [sori]

  ¿cómo dice? sorry, what was that? [sori, guat wos zat]

  ¿cómo estás? how are you? [jau ar iu]

  ¿cómo te llamas? what's your name? [guats ior neim]

cómodo, a comfortable [comftabol], convenient [convínient]

compañero, a companion; (de trabajo) colleague [colig]

compañía company [compani], firm [ferm]

  compañía aérea airline [eirlain]

compartimento compartment [compartment]

completo, a complete; (lleno) full [ful]

compra shopping [shopin]

  ir de compras to go shopping [tu gou shopin]

comprar to buy [tu bai]

compresa sanitary towel [sanʌetri tauel]

comprimido tablet [tablet], pill [pil]

comprobante receipt [resít]

computadora computer [compiuter]

comunicar to communicate [tu comiunikeit]

  está comunicando it's engaged/it's busy [its engeichit/its bisi]

con with [wiz]

concierto concert [consert]

condición condition [condishon]

  en buenas/malas condiciones in good/bad conditions [in gud/bad condishons]

conducir to drive [tu draiv]

conductor, a a driver [draiver]

conferencia (teléfono) (long-distance) call [((long distans) col]

  dar una conferencia to give a talk/lecture [tu giv a touc/lectiur]

diálogos

Quiero llamar a Uruguay. ¿Puedo llamar directamente desde este teléfono? I'd like to make a long-distance call to Uruguay. Can I dial directly from this phone? [aid laik tu meic a long distans col tu uruguay can ai dail directli from zis foun]
Sí. ¿Sabe el prefijo? Yes, do you know the code? [ies, du iu nou de coud]

Sí, muchas gracias. Yes, thanks very much. [ies zancs veri moch]

confesarse to confess [tu confes]

conforme in accordance [in acordans], in agreement [in agriment]

estar conforme to agree [tu agri]

conmigo with me [wiz mi]

conmoción shock [shoc]

conmoción cerebral concussion [concoshAEn]

conocer to know [tu nou]

conque so [so]

conserje porter [porter], caretaker [keirteiquer]

conserjería (de un hotel) reception desk [risepshon desc]; (de un edificio) porter's office [porters ofis]

consigna left luggage office [left logich ofis]

consigna automática left-luggage lockers [left logich locoers]

consigo with oneself [wiz uanself]

constipado, a

estar constipado to have a cold [tu jav a could]

consulado consulate [consiulet]

contactar to contact [tu contact]

contado, a: al contado to pay (in) cash [tu pei (in) cash]

contar to count [tu caunt]; (explicar) to tell [tu tel]

contento, a happy [japi]

contestador answering machine [anserin mashin]

contestar to answer [tu anser], to reply [tu replai]

contigo with you [wiz iu]

contra against [agenst]

contrario, a (dirección) opposite [oposit]

control control [controul]

controlador, a (aéreo) air traffic controller [eir trafic controuler]

cónyuge spouse [spaus]

copa glass

tomar una copa to have a drink [tu jav a drinc]

corazón heart [jart]

cordero, a lamb [lam]

cordillera mountain range [mauntAEn reinch]

cordón cord [cord]; (zapato) lace [leis]

cornisa (arquitectura) cornice [cornis]; (geografía) coast [coust]

corona (moneda) crown [craun]

correo post (UK) [poust], mail (US) [meil]

correo aéreo airmail [eirmeil]

correo electrónico e-mail [imeil]

correo urgente express [ecspres]

¿tiene correo para mí? is there any post for me? [is zer eni poust for mi]

correos post office [poust ofis]

correr to run [tu raen]

correspondencia (transporte) connection [conecshon]

corriente (normal) normal [normel], ordinary [ordeneri]

corriente (eléctrica) current [coeraent]

cortar to cut [tu cot]

me he cortado I've cut myself [aiv cot maiself]

cortaúñas nail clippers [neil clipers]

cortina curtain [coertaen]

¿puede correr la cortina? can you draw the curtain? [can iu drau de kaerten]

corto, a short [short]

cosa thing [zin]

coser to sew [tu sou]

costa coast [coust]

costar to cost [tu cost]

¿cuánto cuesta? how much does it cost? [jau moch dos it cost]

costilla (de persona) rib [rib]; (de animal) cutlet [cotlaet]

costumbre custom [costaem]

creer to believe [tu biliv], to think [tu zinc]

crema cream [crim]

cremallera zip [tsip]

cresta crest [crest]

cristal glass [glas]; (fino) crystal [cristel]; (de una ventana) pane of glass [pein of glas]

cristiano, a christian [cristien]

cruce crossroads [crosrouds], crossing [crosin]

crucero cruise [cruus]

crudo, a raw [ro]

está crudo it's undercooked [its ondercukt]

cruz cross [cros]

cruzar to cross [tu cros]

Cruz Roja Red Cross [red cros]

cuadra block [bloc]

a dos cuadras two blocks from here [tu blocs from jir]

cuadro painting [peintin]

a cuadros checked [chect]

cual (cosas) which [uich]; (personas) who [ju]

cuál what [uat], which one [uich uan]

¿cuál es tu nombre? what's your name? [uats ior neim]

¿cuál quieres? which one do you want? [uich uan du iu uant]

cuando when [güen]

cuándo when [güen]

¿cuándo vendrá? when will he/she/it come? [güen uil ji/shi/it com]

diálogos

¿Cuándo habéis llegado? When did you arrive? [güen did iu araiv]
Llegamos hace una semana. We arrived a week ago. [güen araivt a uik agou]
¿Cuándo sale el tren? When does the train leave? [güen dos de trein liv]
Dentro de media hora. In half an hour. [in jalf an auer]

---

cuanto, a everything [everizin], as much/many as [as moch/meni as]
cuánto, a (incontable) how much [jau moch]; (contable) how many [jau meni]
¿cuánto tiempo? how long? [jau long]
¿cuánto vale? how much does it cost? [jau moch dos it cost]

diálogos

¿Cuántos quiere? How many would you like? [jau meni gud iu laik]
Tres, por favor. Three, please. [zri plis]
¿Cuánto hay de aquí a Galway? How far is it from here to Galway? [jau far is it from jir tu gaului]
Unas 250 millas. About 250 miles. [abaut tu jondred and fifti mails]

---

cuarta fourth [forz]
cuartel barracks [baracs]
cuartelillo police station [polís steishon]
cuarto, a quarter [quorter]
cuarto room [rum]
cuarto de baño bathroom [bazrum]
cuarto de hora a quarter of an hour [a quortAer of an auer]
cubierta deck [dec]
cubierto, a (tiempo) overcast [overcast]
cubierto set meal [set mil]
cubito ice cube [eis quiub]
cubo bucket [boquet]
cubo de la basura dustbin (UK) [dostbin], trashcan (US) [trashcan]
cucaracha cockroach [cocrouch]
cuchara spoon [spún]
cucharilla teaspoon [tispún]
cucharilla de café coffee spoon [cofi spún]
cucharilla de postre dessert spoon [disAert spún]
cucharón ladle [leidel]
cuchilla blade [bleid]
cuchilla de afeitar razor blade [reisor bleid]
cuchillo knife [naif]

cuchillo de carne steak knife [steic naif]

cuchillo de pescado fish knife [fish naif]

cuello neck [nec]

cuenta (restaurante) bill [bil]; (banco) account [acaunt]

cuenta corriente current account [coerAent acaunt]

cuerda rope [roup], string [strin]

cuero leather [lezer]

cuerpo body [bodi]

cuesta slope [sloup]

cueva cave [queiv]

cuidado care [queir]

¡**cuidado!** take care! [teic queir], be careful! [bi queirful], watch out! [uatch aut]

culo bottom [botoem]

culpa fault [folt], blame [bleim]

no es culpa mía it's not my fault [its not mai folt]

cumpleaños birthday [berzdei]

¡**feliz cumpleaños!** Happy Birthday! [japi berzdei]

cuna cot (UK) [cot], crib (US) [crib]

cuneta (de una calle) gutter [goetAer]; (de una carretera) ditch [ditch]

cuñado, a brother-in-law (sister-in-law f) [brozAer-in-lo (sistAer-in-lo)]

cura (sacerdote) priest [príst]

cura (tratamiento) treatment [trítment], cure [quiur]

curva bend [bend], curve [querv]

cuyo, a (de una persona) whose [jús]; (de una cosa) of which [of uich]

D

daño hurt [jert]

me he hecho daño I've hurt myself [aiv hert maiself]

dar to give [tu giv]

¿**me puede dar cambio?** can you give me change? [can iu giv mi cheinch]

¿**podría darle esto a...?** could you give this to...? [cud iu giv zis tu]

de from [from]

de lunes a viernes from Monday to Friday [from mondei tu fraidei]

soy de Barcelona I'm from Barcelona [aim from barselona]

debajo underneath [onderniz]

debajo de under [onder]

deber (tener que hacer) have to [jav tu], must [most]; (dinero) to owe [tu ou]

¿**qué le debo?** What do I owe you? [uat du ai ou iu]

decir to say [tu sei], to tell [tu tel]

es decir that is (to say) [zat is (tu sei)]

¿**cómo se dice esto en**

inglés? how do you say it in English? [jau du iu sei it in inglish]

¿dígame?/¿diga? hello? [jelou]

¿qué dice? Sorry, what was that? [sori, uat wos that]

dedo finger [finguer]; (del pie) toe [tou]

defectuoso, a faulty [folti]

degustación tasting [teistin]

dejar to leave [tu liiv]

me he dejado las llaves I've left me keys behind [aiv left mai quis bijaind]

¿me deja pasar? can I come in? [can ai com in]

¿puedo dejar esto aquí? can I leave this here? [can ai liiv zis jir]

del of [ov]

delante in front [in front]

delante de in front of [in front ov]

delegación (sucursal) branch [branch]

deletrear to spell [tu spel]

¿me deletrea el nombre? can you spell your name? [can iu spel ior neim]

delgado, a thin [zin]

demás: los demás the others [de ozaers]

demasiado, a (incontable) too much [tu moch]; (contable) too many [tu meni]; (delante de un adjetivo) too [tu]

demasiada comida too much food [tu moch fúd]

demasiada gente too many people [tu meni pipol]

demasiado grande too big [tu big]

demora delay [dilei]

dentadura teeth [tiz]

dentadura postiza dentures [dentiurs]

dentífrico toothpaste [tuzpeist]

dentista dentist [dentist]

dentro in [in]

dentro de dos horas in two hours [in tu auers]

dentro de la maleta in the suitcase [in de sutqueis]

depender to depend [tu dipend]

depende it depends [it dipends]

dependiente, a shop assistant [shop asisitant]

deporte sport [sport]

depósito (de dinero) deposit [diiposit]; (de vehículo) tank [tanc]

¿me llena el depósito? can you fill it up? [can iu fil it op]

deprisa quickly [cuicli]

derecho, a right [rait]

a mano derecha on the right [on de rait]

derrapar to skid [tu scid]

desagradable unpleasant [onplesaent]

desagüe drain [drein]

desaparecer to disappear [tu disapier]

desastre disaster [disastaer]

desayunar to have breakfast
[tu jav brekfΛEST]

desayuno breakfast
[brekfΛEST]

El desayuno en los paises anglosajones suele ser abundante. Un desayuno típico consiste en zumo de naranja, cereales, tostadas con mantequilla y mermelada y té o café. Los fines de semana mucha gente come el **brunch**, una mezcla entre el desayuno y la comida que además de lo habitual en el desayuno incluye huevos fritos, beicon, salchichas, etc. Normalmente, es una comida larga y tranquila entre familia y/o amigos.

diálogos

Le llamo desde la habitación 21. ¿Nos pueden subir el desayuno por favor? This is room 21. Could we have breakfast in bed, please? [zis is rum tuenti-uan cud güi jav brekfΛEST in bed, plis]
Sí, señora. Certainly, madam. [sertenli madam]

descafeinado, a decaffeinated [dicafΛEneited]

descansar to relax [tu rilacs], to rest [tu rest]

descapotable convertible [convertibol]

descargar to unload [tu onloud]

descarrilar to be derailed [tu bi direilt]

descenso descent [disent]; (valor, temperatura) drop [drop]

descolgar (teléfono) to pick up [tu pic op], to take off the hook [tu teic of de juc]

descremado, a skimmed [squimt]

descuento discount [discaunt]
¿me hace descuento? can you give me a discount? [can iu giv mi a discaunt]

desde (lugar) from [from]; (tiempo) since [sins]
desde París from Paris [from paris]
desde ayer since yesterday [sins iesterdei]
desde que llegamos since we arrived [sins güi araivt]
desde luego of course [ov cors]

desear to wish [tu uish], to want [tu uant]
¿qué desea? what can I do for you? [uat can ai du for iu]

desembarcar to land [tu land], to disembark [tu disembarc]

desembocadura (de río) mouth [mauz]; (de calle) opening [oupenin]

desgracia disaster [disastΛEr]
por desgracia unfortunately [onfortiunetli]

deshacer to unpack [tu onpac]

desierto desert [desert]

desinfectar to disinfect [tu disinfect]

desmayarse to faint [tu feint]

desmayo fainting spell [feintin spel]

desnatado, a skimmed [squimt]

desnudo, a naked [neiqued]

desodorante deodorant [diouderant]

despachar (en tienda) to serve [tu serv]; (mercancía) to dispatch [tu dispach]

despacho office [ofis]

despacio slowly [slouli]

despedirse to say goodbye [tu sei gudbai]

despegar to take off [tu teic of]

despertador alarm clock [alarm cloc]

despertar to wake up [tu güeic op]

¿podría despertarme a las ocho? Could you wake me up at eight o'clock? [cud iu güeic mi op at eit oucloc]

despierto, a awake [agüeic]

después after [aftaer]

después del desayuno after breakfast [aftaer brekfaest]

está después de la farmacia it's after the chemist's [its aftaer de quemists]

destinatario, a addressee [adresi]

destino destination [destineishon]

con destino a going to [gouin tu]

destornillador screwdriver [scrudraiver]

desvío detour [ditur], diversion [daivershon]

detener to detain [tu ditein]

detergente detergent [diterchent]

detrás behind [bijaind]

detrás de behind [bijaind]

devolver to return something [tu ritaern somzin], to give something back [tu giv somzin bac]; (vomitar) to vomit [tu vomaet]

día day [dei]

buenos días Good Morning [gud mornin]

día azul cheap travel day [chiip travel dei]

día y noche night and day [nait and dei]

el día siguiente/anterior the day after/before [de dei after/bifor]

hace buen día it's a nice day [its a nais dei]

todo el día all day (long) [ol dei (long)]

todos los días every day [evri dei]

¿qué día es hoy? what day is it today? [uat dei is it tudei]

diabetes diabetes [dayebitis]

diarrea diarrhoea [daioria]

diccionario dictionary [dicshonaeri]

diciembre December [disember]

diente tooth [tuz]

diésel diesel [disel]

dieta diet [daiet]

  estoy a dieta I'm on a diet [aim on a daiet]

difícil difficult [dificolt]

diga, dígame Hello? [jelou], Yes? [ies]

digestivo, a digestive [daishestiv]

dinero money [moni]

  no tengo dinero suelto I've no change [aiv no cheinch]

dios God [god]

dirección direction [dairecshon]; (de casa) address [adres]

  ¿cuál es su dirección? what's your address? [uats ior adres]

  ¿en qué dirección está? which way is it? [uich uei is it]

  dirección prohibida no entry [no entri]

  dirección única one-way traffic [uan-uei trafic]

directo (tren) straight through [streit zru]

director, a director [dairecter], manager (manageress f) [manacher (manacheres)]

directorio directory [dairectori]

disco record [record]

  disco compacto CD (compact disc) [si-di (compact disc)]

discoteca disco, discotheque [disco, discotec]

disculpar to excuse [tu ecscius]

  discúlpeme I'm sorry/excuse me [aim sori/ecscius mi]

  disculparse to apologize [tu apolochais]

dispensario clinic [clinic]

distancia distance [distans]

  ¿está a mucha distancia? is it far from here? [is it far from jir]

distinto, a different [difrAent]

distrito district [district], area [eiria]

  distrito postal postal district [poustel district]

divertido, a funny [foni], amusing [amiusin]; (entretenido) entertaining [enterteinin]

divertirse to enjoy oneself [tu enjoi uanself], to have a good time [tu jav a gud taim]

divisa foreign currency [foren corenci]

divorciado, a divorced [divorct]

DNI National Identity Card [nashonel aidentiti card]

dobladillo hem [jem]

doble double [dobel]

docena dozen [dosen]

doctor, a a doctor [doctAER]

doler to hurt [tu jert]

  me duele la cabeza my head hurts [mai jed jerts]

dolor pain [pein], ache [eic]

dolor de cabeza/estómago headache/stomachache [jedeic/stomAEceic]

domicilio residence [residens], home [joum]

domingo Sunday [sondei]

don Mr. [mister]

donde where [güer]

dónde where [güer]

¿dónde está el metro? where is the underground station? [güer is de onderfraund steishon]

¿por dónde he de ir? which way do I go? [uich uei du ai gou]

diálogos

¿Dónde está la catedral?
Where is the cathedral?
[güer is de cazidrol]
Está por ahí. It's over there. [its over zeir]
¿Puede enseñarme en el mapa dónde está?
Could you show me where it is on the map?
[cud iu shou mi güer it is on de map]
Está justo aquí. Here it is. [jir it is]
Perdone, ¿dónde está el banco más cercano?
Sorry, where is the nearest bank? [sori, güer is de nirest banc]
Justo en frente. Just opposite. [chost oposAEt]

doña Mrs. (mujer casada) [Misis] Ms. (mujer casada o soltera) [Mits]

Hoy en día, lo más correcto es utilizar **Ms.**, porque se considera irrelevante si una mujer es soltera o casada, y así se evitan los prejuicios. Sin embargo, muchas mujeres casadas utilizan **Mrs.**, sobretodo las mujeres mayores. También es bastante frecuente en EEUU.

dorado, a gold [gould], golden [goulden]

dormir to sleep [tu slip]

dormitorio bedroom [bedrum]

ducha shower [shauer]

tomar una ducha to have a shower (UK) [tu jav a shauer], to take a shower (US) [tu teic a shauer]

ducharse to shower [tu shauer]

dudar to doubt [tu daut], to be unsure [tu bi onshur]

dueño, a owner [ouner]

dulce sweet [suit]

duna dune [dun]

durante during [diurin]

durar to last [tu last]; (viajes) to take [tu teic]

¿cuánto dura el viaje? how long does the journey take? [jau long dos de cherni teic]

duro, a hard [jard], tough [toef]; (carne) tough [toef]

E

echar to throw [tu zrou]
  echar de menos to miss [tu mis]
  echar una carta al correo to post/mail a letter [tu poust/meil a letAER]
  echar una siesta to have/take a nap [to jav/teic a nap]
ecoturismo natural tourism [natiurel turisem]
edad age [eich]
  tercera edad old age [ould eich]
edificio building [bildin]
edredón quilt [cuilt], eiderdown [aiderdaun], duvet [duvei]
EEUU USA [iu es ei]
efectivo, a: en efectivo in cash [in cash]
ejemplo example [ecsampol]
  por ejemplo for example [for ecsampol]
el the [de]
  él (sujeto) he [ji]; him [jim]
  es para él it's for him [its for jim]
  él es el dueño he is the owner [ji is de ounAER]
  él mismo himself [jimself]
electricidad electricity [electrisiti]
electricista electrician [electrishAEN]
elegante elegant [elAEGAEnt]

elegir to choose [tu chuus]
ella (sujeto) she [shi]; her [jer]
  ella es la directora she is the director [shi is de directAER]
  es para ella it's for her [its for jer]
ellas (sujeto) they [zei]; them [zem]
  ellas son mis hermanas they are my sisters [zei ar mai sistAERs]
  las flores son para ellas the flowers are for them [de flauers ar for zem]
ello it [it]
ellos (sujeto) they [zei]; them [zem]
  dáselo a ellos give it to them [giv it tu zem]
  ellos son mis amigos they are my friends [zei ar mai frends]
embajada embassy [embAEsi]
embalse reservoir [reservoir]
embarazada pregnant [pregnAEnt]
embarcación boat [bout], craft [craft]
embarcar to embark [tu embarc], to go on board [tu gou on bord]
embarque boarding [bordin], embarkation [embarquin]
  targeta de embarque boarding card/pass [bordin card/pas]
embotellado, a bottled [botAEld]
embotellamiento (de tráfico) traffic jam [trafic cham]

embrague clutch [clotch]

embutido cold cured meat [could ciurt mit]

emergencia emergency [imerchensi]

emergencias casualty [cashiulti]

emisora radio station [reidio steishon]

empacharse to get indigestion [tu guet indichestien]

empalme (carretera) junction [choncshon]; (cables, tubos) connection [conecshon]

empezar to beguin [tu biguin], to start [tu start]

¿cuándo empieza? when does it start/begin? [uen dos it start/biguin]

empleado, a employee [emploiyi]

empujar to push [tu posh]

en in [in], at [at], on [on], by [bai]

en 1937/en marzo/ en tres días in 1937/in March/in three days [in 1937/in march/in zri deis]

en Canadá/Lisboa in Canada/Lisbon [in canada/lisbᴀєn]

en avión/metro/autobús by plane/underground/bus [bai plein/ondergraund/bos]

en el cuarto piso on the fourth floor [on de forz flor]

escrito en inglés written in English [riten in inglish]

La preposición in es la traducción genérica de «en» cuando indica posición: in Barcelona, in Tokyo; también se usa para los meses y los años: in July, in 1999. Se traduce «en» por on cuando se refiere a superficies: on the table, on the wall, on Tibidabo, etc. Cuando se habla de medios de transporte, se corresponde con by: by car, by plane, etc. Cuando se hace referencia a lugares habituales donde uno suele pasar periodos de tiempo, como el trabajo, la escuela, la facultad, etc., «en» se traduce por at: at school, at work, at university.

enamorarse to fall in love [tu fol in lov]

encantado, a delighted [dileited]

¡encantado! pleased to meet you! [plist tu mit iu]

encendedor lighter [leiter]

encender (fuego, un cigarrillo) to light [tu leit]; (un aparato, una luz) to switch on [tu suitch on], to turn on [tu tᴀern on]

enchufe (de un aparato) plug [plog]; (en la pared) socket [soquet]

encima above [abov]

llevo el pasaporte encima I've got my passport on/with me [aiv got mai pasport on/uiz mi]

encima de on (top of) [on (top ov)]

encontrar to find [tu faind]
 no lo encuentro I can't find
 it [ai cant faind it]
 encontrarse to meet [tu mit]
enero January [chaniuari]
enfadarse to get angry [tu
 guet angri]
enfermedad illness; (grave)
 disease [disis]
enfermería sick bay [sic bei]
enfermero, a nurse [nAErs]
enfermo, a ill [il], sick [sic]
enfocar to focus (on) [tu foucos
 (on)]
enfrente opposite [oposit]
engañar to deceive [tu disiv],
 to cheat [tu chít]
enhorabuena
 congratulations
 [congratiuleishens]
enseguida immediately
 [imídiatli]
 llegará enseguida he'll be
 here any minute now [jil bi
 jir eni minit nou]
enseñar to teach [tu tich];
 (mostrar) to show [tu shou]
 ¿me lo enseña? could you
 show it to me? [cud iu shou it
 tu mi]
entender to understand [tu
 onderstand]
 no le entiendo I don't
 understand [ai dount
 onderstand]
 ¿me entiende? do you
 understand? [do iu onderstand]
entero, a whole [joul]
entrada entrance [entrens],

way in [uei in]; (billete)
 entrance ticket [entrens tiquet]
 entrada libre/gratuita free
 admission [fri admishon]
entrante (comida) starter [startor]
entrar to enter [tu enter], to
 go/come in [tu gou/com in]
 ¿puedo entrar? can I come
 in? [can ai com in]
entresuelo mezzanine
 [metzanin]
entretanto meanwhile
 [minguail]
enviar to send [tu send]
 quiero enviar esto a Bilbao I
 want to send this to Bilbao
 [ai uant tu send zis tu bilbao]
envolver to wrap up [tu rap op]
 ¿me lo envuelve para regalo?
 can you giftwrap it, please?
 [can iu giftrap it plis]
equipaje luggage [logich],
 baggage [bagich]
 equipaje de mano hand
 luggage [jand logich]
 recoger el equipaje to
 collect the luggage [tu colect
 de logich]
error mistake [misteic], error
 [errAer]
 por error by mistake [bai
 misteic]
erupción rash [rash]
esa that [zat]
 ésa that one [zat uan]
escala (en un viaje) stopover
 [stopover]
 hacer escala to stop over [tu
 stop over]

escalera stairs [steirs]

escalera de incendios fire escape [faier esceip]

escalera mecánica escalator [esqueleiter]

escarcha frost [frost]

escaso, a limited [limitAED], scarce [squers]

escocés, a Scottish [scotish]; (whisky) Scotch [scotch]; (tejido) tartan [tarten]

Escocia Scotland [scotland]

escoger to choose [tu chuus]

escorpión (horóscopo) Scorpio [scorpio]; (animal) scorpion [scorpion]

escribir to write [tu rait]

¿cómo se escribe? how is it spelt? [jau is it spelt]

¿puede escribírmelo? could you write it down for me? [cud iu rait it daun for mi]

escuchar to listen (to) [tu lisen (tu)]

escudo (moneda) escudo [escudo]

ese that [zat]

ése that one [zat uan]

esmalte: esmalte de uñas nail varnish/polish [neil varnish/polish]

esmoquin dinner jacket (UK) [diner chaquet], tuxedo (US) [toxido]

eso that [zat]

espalda back [bac]

España Spain [spein]

español, a Spanish [spanish]

esparadrapo plaster (UK) [plaster], Band-Aid (US)

espárrago asparagus [asparagAES]

espectáculo show [shou]

espejo mirror [mirAEr]

esperar to wait [tu ueit]; (desear) to hope [tu joup]

espéreme wait for me [ueit for mi]

¿puede esperarme aquí? can you wait here for me? [can iu ueit jir for mi]

espeso, a thick [zic]

espina (de pez) bone [boun]; (de planta) thorn [zorn]

espinaca spinach [spinAech]

esponja sponge [sponch]

esposo, a spouse [spaus]

espuma (de afeitar) shaving foam [sheivin foum]; (para pelo) styling mousse [stailin mus]

esquí (instrumento) ski [squi]; (deporte) skiing [squiin]

esquí acuático water-skiing [uotAer-squiin]

esquí de fondo cross-country skiing [cros-contri squiin]

esquiar to ski [tu squi]

esquina corner [cornAer]

esta this [zis]

ésta this one [zis uan]

estación station [steishon]

estación de metro/ferrocarril underground/train station [onderground/trein steishon]

estación de autobuses bus station [bos steishon]

estación de esquí ski resort [squi risort]

estación de servicio service station [servis steishon]

estacionamiento parking [parquin]

estacionar to park [tu parc]

estadio stadium [steidium]

estadio de fútbol football stadium [futbol steidium]

estadio olímpico olympic stadium [olimpic steidium]

estado state [steit], condition [condishAEn]

estar en estado to be pregnant [tu bi pregnAEnt]

estado civil civil status [sivil steitos]

Estados Unidos the United States [de iunaited steits]

estadounidense United States citizen [iunaited steits sitisen]

estafa fraud [froud]

estafeta sub-post-office [sob-poust-ofis]

estanco tobacconist's [tobAconists]

estanque pond [pond]

estantería shelf [shelf]

estar to be [tu bi]

estamos de vacaciones we're on holidays [uir on jolideis]

estoy bien I'm fine [aim fain]

¿cómo está? how are you? [jau ar iu]

¿dónde está esta calle?

where is this street? [güer is zis strit]

estárter choke [chouc]

estatua statue [statiu]

este (punto cardinal) east [iist]

este this [zis]

éste this one [zis uan]

esto this [zis]

estómago stomach [stomAEc]

estornudar to sneeze [tu sniis]

estornudo sneeze [sniis]

estrecho, a narrow [narou], tight [tait]

estrecho strait [streit]

estrella star [star]

estrellarse to crash into [tu crash into]

estreno (de espectáculo) premiere [premieir]

estreñimiento constipation [constipeishAEn]

estropear to damage [tu damich], to ruin [tu ruin]

estuario estuary [estiuari]

estudiante student [stiudent]

estudiar to study [tu stodi]

estufa heater [jiter]

etiqueta label [leibel]

de etiqueta formal [formAEl]

euro euro [iuro]

eurotúnel Channel Tunnel [chanAEl tunAEl]

exacto, a exact [ecsact]

¡exacto! exactly! [ecsactli]

excepto except [ecsept]

exceso: exceso de equipaje excess baggage [ecses bagich]

exceso de velocidad speeding [spiidin]

excursión trip [trip]
expatriar to expatriate [tu ecspatrieit]
explicar to explain [tu ecsplein]
¿puede explicármelo? can you explain it to me? [can iu ecsplein it tu mi]
exposición exhibition [ecsibishAEN]
exprés, expreso express train [exprés trein]
exterior outside [autsaid], exterior [ecstirier]
extintor fire extinguisher [faier ecstinguisher]
extranjero, a foreigner [forener]

F

fábrica factory [factori]
fácil easy [iisi]
facturar to check in [tu chec in]

diálogos

¿Puedo facturar aquí para el vuelo de las 10.15 a Barcelona? Can I check in here for the 10.15 flight to Barcelona? [can ai chec in jir for de ten fiftin flait tu barselona]
Por supuesto. ¿Cuántas maletas tiene? Certainly. How many bags do you have? [sertenli jau meni bags du iu jav]

Dos. Me gustaría sentarme al lado de la ventana si es posible. Two. Can I have a window seat if possible? [tu can ai jav a uindou sit if posibol]
De acuerdo. Aquí tiene su tarjeta de embarque. Ha de embarcar a las 9.45 por la puerta 36. ¡Que tenga buen viaje! Okay. Here's your boarding pass. Boarding is at 9.45 at Gate 36. Have a good flight! [oquei. jirs ior bordin pas. bordin is at cuorter tu ten at geit zirtin six. jav a a gud flait]

falda skirt [skert]
falso, a false [fols]
falta (carencia) lack [lac]
hacer falta to be necessary [tu bi nesesari]
faltar to be needed [tu bi niided]; (persona) to be missing [tu bi missin]
falta pan we need more bread [güi niid mor bred]
familia family [famili]
famoso, a famous [feimos]
faringitis sore throat [sor zrout]
farmacéutico, a chemist [quemist], pharmacist [farmasist]

farmacia chemist's [quemists], pharmacy [farmaci]
  farmacia de guardia duty chemist's [diuti quemists]
faro lighthouse [laitjaus]; (de coche) headlight [jedlait]
  faros antiniebla fog lamp [fog lamp]
favor favour [feivAER]
  por favor please [plis]
fax fax [fax]
febrero February [febiuari]
fecha date [deit]
  fecha de caducidad expiry date [ecspairi deit]
felicidad happiness [japines]
  ¡felicidades! congratulations! [congratiuleishAENS]
felicitar to congratulate [tu congratiuleit]
feliz happy [japi]
  ¡feliz Año Nuevo! Happy New Year! [japi niu ier]
  ¡feliz Navidad! Merry Christmas! [meri crismas]
feo, a ugly [ogli]
feria fair [feir]
  feria de muestras trade fair [treid feir]
ferretería hardware shop [jardweir shop]
ferrocarril railway [reiluei], railroad [reilroud]
festivo, a festive [festiv]
  un día festivo (public) holiday [public jolidei]
fiebre temperatura [temperatiur], fever [fiver]
  tengo fiebre I have a

temperature/fever [ai jav a temperatiur/fiver]
fiesta (reunión) party [parti]; (día festivo) holiday [jolidei]
  fiesta mayor local summer festival [loquel somer festevol]
  fiesta nacional National holiday [nashonel jolidei]
fila row [rou]
filme film (UK) [film], movie (US) [mouvi]
fin end [end]
  fin de semana weekend [uiquend]
  a fines de at the end of [at de end of]
final final [fainel]
fino, a fine [fain], delicate [deliquet]
firma signature [signatiur]; (empresa) firm [ferm]
firmar to sign [tu sain]
flaco, a thin [zin], skinny [scini]
flash flash [flash]
flemón gumboil [gomboil]
flojo, a weak [uik]
flor flower [flauer]
florero vase [vaas]
floristería florist's [florests]
flotador rubber/swimming ring [roebAEr/suimin ring]
folleto leaflet [liflet]
fonda simple guesthouse [simpol gAEstjaus], simple restaurant [simpol restAEront]
fondo bottom [botoem]
  en el fondo at the bottom [at de botoem], at the end [at de end]
fontanero, a plumber [plombAEr]

forma form [form]
formal formal [formAEl]
formulario form [form]
foto photo [fouto]
  ¿puede hacernos una foto? can you take a photo of us? [can iu teic a fouto of os]
fotocopia photocopy [Foutoucopi]
fotografía photography [fotografi]
fotografiar to take a photo of [to teic a fouto ov]
frágil fragile [frasheil]
freír to fry [tu frai]
frenar to brake [tu breic]
freno brake [breic]
  freno de mano handbrake [jandbreic]
frente forehead [forjed]
fresa strawberry [stroberi]
fresco, a fresh [fresh]
frigorífico refrigerator [refrichereitor], fridge (UK) [fridch], ice-box (US) [eisbox]
frío, a cold [could]
  hacer frío to be cold [tu bi could]
frito, a fried [fraid]
frontera border [bordAEr]
fruta fruit [frut]
  fruta del tiempo seasonal fruit [sisonAEl frut]
frutería fruit shop/store [frut shop/stor], greengrocer [gringrouser]
fuego fire [faier]
  ¿tiene fuego? do you have a light? [du iu jav a lait]

fuente fountain [faunten]
fuera outside [autsaid]
  está fuera toda la semana he/she is away all week [ji/shi is auei ol uik]
  ¿podemos sentarnos fuera? can we sit outside? [can güi sit autsaid]
  fuera de apart from [apart from]
  ¡fuera! get out! [guet aut]
fuerte strong [strong]; (volúmen) loud [laud]
fuerza strength [strengz], force [fors]
fumador, a smoker [smouquer]
fumar to smoke [tu smouc]
  no fumo I don't smoke [ai dount smouc]
  ¿fuma? do you smoke? [du iu smouc]
  ¿le importa si fumo? do you mind if I smoke? [du iu maind if ai smouc]
funcionar to work [tu uerc]
  no funciona out of order [aut ov order]
funicular (por tierra) funicular [foniciulAEr]; (por aire) cable car [queibel car]
furgoneta van [van]
fútbol football [futbol]
futuro future [fiucher]

G

gabardina raincoat [reincout]
gafas glasses [glases]

gafas de sol sunglasses [songlases]shades [sheids]

galería gallery [galeri]

  galería de arte art gallery [art galeri]

  galerías comerciales shopping arcade [shopin arqueid]

galés, a Welsh [uelsh]

galleta biscuit (UK) [biskit], cookie (US) [cuki]

gallina hen [jen]

gallo rooster [ruster], cock [cok]

ganar (premio, lotería) to win [tu uin]; (sueldo) to earn [tu ern]

garaje garage [garAEch]

garantía guarantee [garanti]

garganta throat [zrout]

garrapata tick [tic]

gas gas [gas]

gaseosa lemonade [lemoneid]

gasóleo diesel [disel]

gasolina petrol (UK) [petrAEl], gas (US) [gas]

  gasolina normal two-star petrol [tu-star petrAEl]

  gasolina sin plomo unleaded petrol [unleded petrAEl]

  gasolina súper three-star petrol [zri-star petrAEl]

gasolinera petrol station (UK) [petrAEl steishon], gas station (US) [gas steishon]

gastar to spend [tu spend], to use [tu yus]

gato, a cat [cat]

  gato (de coche) jack [chac]

gel gel [chel]

gemelos (hermanos) twins [tuins]; (de camisa) cufflinks [coflinks]; (prismáticos) binoculars [binociulers]

géminis Gemini [cheminai]

general general [chenrAEl]

genial great [greit], fantastic [fantastic]

genio: tener mal genio to be bad-tempered [tu bi bad-tempert]

gente people [pipol]

gerente manager [manAEcher]

gimnasia gymnastics [chimnastics]

gimnasio gym [chim]

girar to turn [tu tern]

  gire a la derecha/izquierda turn right/left [tern rait/left]

giro turn [tern]

  giro postal postal order [poustal order]

glaciar glacier [gléisier]

glorieta roundabout (UK) [raundabaut], traffic circle (US) [trafic sercol]

gobierno government [goverment]

gol goal [goul]

golf golf [golf]

golfo bay [bei]

golpe blow [blou]; (en la puerta) knock [noc]

  de golpe suddenly [sodenli]

goma (de borrar) rubber (UK)

[robAEr]; (elástica) elastic band [ilastic band]

gordo, a fat [fat]

gorra cap [cap]

gorro cap [cap], hat [jat]

  gorro de ducha shower cap [shauer cap]

gota drop [drop]

gotera leak [lik]

grabar to record [tu ricord]

gracias thank you, thanks [zanc iu, zancs]

  muchas gracias thank you very much [zanc iu veri moch]

gracioso, a funny [foni]

grado degree [degrí]

gramo gram [gram]

granate crimson [crimsAEn]

Gran Bretaña Great Britain [greit briten]

grande big [big], large [larch]

  me va grande it's too big for me [its tu big for mi]

granja farm [farm]

grano (piel) spot [spot]; (café) bean [bin]

grasa fat [fat], grease [gris]

gratis free [fri]

  es gratis it's free [its fri]

grave serious [sirius]

grifo tap (UK) [tap], faucet (US) [fosit]

gripe flu [flu]

  tengo la gripe I've got the flu [aiv got de flu]

gris grey [grei]

gritar to shout [tu shaut], to yell [tu yel]

grosero, a rude [ruud]

grúa tow-truck [tou-troc], breakdown-truck [breicdaun troc]

  llevarse el coche la grúa to have your car towed away [tu·jav ior car toud auei]

grupo group [grup]

  grupo sanguíneo blood group [blod grup]

guante glove [glov]

guapo, a good-looking [gud-luquin]; (hombre) handsome [jansom]; (mujer) pretty [priti]

guarda guard [gard]

  guarda jurado security guard [sicuiriti gard]

guardabarros mudguard (UK) [modgard], fender (US) [fendAEr]

guardabosques forest ranger [forest reincher]

guardacostas coastguard [coustgard]

guardar to keep [tu quip], to put away [to pAEt auei]

guardarropa cloakroom [cloucrum]

guardería crèche [cresh], nursery school [nerseri scuul]

guardia: guardia de tráfico traffic warden [trafic uorden]

  guardia municipal o urbana municipal/local police [miunisipol/loquel polis]

  guardia civil Civil Guard [civel gard]

guarnición (en comida) garnish [garnish]

guerra war [uor]

guía (persona) (tour) guide [(tur) gaid]

  guía (libro) guide book [gaid buk]

  guía telefónica telephone directory [telefoun dir**e**ctAEri]

guisante pea [pi]

guisar to cook [tu cuk]

guitarra guitar [guitar]

gustar to like [tu laik]

  ¿le gusta? do you like it? [du iu laik it]

  me gusta I like it [ai laik it]

  me gustaría ir a bailar I'd like to go dancing [aid laik tu gou dansin]

  no me gusta I don't like it [ai dount laik it]

gusto (buen, mal) taste [teist]

  con mucho gusto with pleasure, certainly [wiz plesh**A**Er, sertenli]

  el gusto es mío it's a pleasure [its a plesh**A**Er]

  mucho gusto pleased to meet you [plist tu mit iu]

H

haber: hay mucha gente there are a lot of people [zeir ar a lot ov pipol]

  hemos de irnos we must/have to go/leave [güi most/jav tu gou/liiv]

  no hay de qué don't mention it [dount mensh**A**En it]

  ¿cuántos hay? how many are there? [jau meni ar zer]

habitación room [rum]

  habitación individual/doble single/double room [sing**A**El/dobel rum]

diálogos

> ¿Tiene habitaciones libres para este fin de semana? Do you have any rooms for this weekend? [du iu jav eni rums for zis uikend]
> Sí. ¿Para cuántas personas? Yes, we do. For how many people? [ies ui du for jau meni pipol]
> Quisiera una habitación doble con baño, por favor. I'd like a double room with a bathroom, please. [aid laik a dobel rum wiz a bazrum plis]
> ¿Para cuántas noches? For how many nights? [for jau meni naits]
> Sólo una noche/Dos noches, por favor. Just one/Two nights, please. [chost uan/tu naits plis]
> ¿Cuánto cuesta por noche? How much is it per night? [jau moch is it per nait]
> ¿Incluye el desayuno? Does that include breakfast? [dos zat includ brekf**A**Est]

Si, está incluido./No, el desayuno se cobra aparte. Yes, it does./No, breakfast is extra. [ies it dos/No brekfEAST is extra]
De acuerdo, me la quedo. Okay, I'll take it. [oquei ail teic it]

habitante inhabitant [injabitent]
hablar to speak [tu spik]
  no hablo inglés I don't speak English [ai dount spik Inglish]
  ¿habla español? do you speak Spanish? [do iu spik spanish]
hacer to do [tu du]; (construir, producir) to make [tu meic]
  hace calor/frío it's cold/hot [its could/jot]
  hace dos días two days ago [tu deis agou]
  ¿cómo se hace? how do you do it? [jau du iu du it?]
  ¿de qué está hecho? what is it made of? [uat is it meid ov?]
  ¿qué hacemos? what shall we do? [uat shal güi du?]

 El verbo **do** se utiliza para expresar ideas más abstractas o genéricas: **to do a favour** (hacer un favor) o **to do work** (trabajar). En cambio, el verbo **to make** se utiliza cuando como resultado de la acción hay un producto final: **to make a cup of tea** (preparar una taza de té) o **to make plans** (hacer planes).

hacia towards [touords]
hamaca hammock [jamoc]
hambre: tengo hambre I'm hungry [aim jongri]
hamburguesería hamburger restaurant [jambAErger restAEront]
harina flour [flauer]
harto, a: estar harto de to be fed up with [tu bi fed op wiz]
hasta until [ontil], till [til]
  hasta que until [ontil], till [til]
  ¡hasta la vista! See you! [si iu]
  ¡hasta luego! see you later! [si iu leiter]
  ¡hasta mañana! see you tomorrow! [si iu tumorou]
hecho, a done [dAEn], made [meid]
  muy/poco hecho (bistec) well done/rare [uel doen/reir]
helada frost [frost]
heladería ice-cream parlour [eis-crim parlAEr]
helado ice-cream [eis-crim]
helar to freeze [tu friis]
helicóptero helicopter [jelicoptAEr]
hembra female [fimeil]
herida wound [güund]
hermano, a brother (sister f) [brozAEr (sistAEr)]
hermoso, a beautiful [biutifol]
herramientas tools [tuuls]
hervir to boil [tu boiel]
hidroavión seaplane [siplein]

hielo ice [eis]
  con/sin hielo with/without ice [wiz/wizaut eis]
hierro iron [aiern]
hígado liver [livAEr]
hijo, a son (daughter f) [son (dotAEr)]
hilo thread [zred]
hipermercado hypermarket [jaipermarquet]
hipo hiccups [jicops]
  tengo hipo I've got (the) hiccups [aiv got de jicops]
hoja (de árbol) leaf [liif]; (de papel) sheet of paper [shit ov peiper]
hola hello [jelou]; (informal) hi [jai]

diálogos

> ¡Hola Emma! ¿Cómo estás? Hello Emma! How are you? [jelou emma, jau ar iu]
> ¡Hola Steven! ¿Cómo va? Hi Steven! How are things? [jai stiven jau ar zings]
> Estoy bien, ¿y tú? I'm fine, thanks. What about you? [aim fain zancs. uat abaut iu]

hombre man [man]
  ¡hombre! hiya! [jaiye]
hombro shoulder [shoulder]
hondo, a deep [diip]
hoquei hockey [joqui]

hora time [taim]; (sesenta minutos) hour [auer]
  ¿qué hora es? what time is it? [uat taim is it]
  ¿tiene hora? do you know what time it is? [du iu nou uat taim it is]

diálogos

> Perdone, ¿tiene hora? Sorry, do you know what time it is? [sori du iu nou uat taim it is]
> ¡No, lo siento!/Sí, son las 5.30. No, sorry!/Yes, it's 5.30. [no, sori/ies its faiv zirti]

horario timetable (UK) [taimteibol], schedule (US) [shediul]
  horario de comidas mealtimes [miltaims]
  horario de trenes/autobuses train/bus timetable/schedule [trein/bos taimteibol/shediul]
hormiga ant [ant]
horno oven [oven]
horquilla hairpin [jeirpin]
hospedarse to stay [tu stei]
hospital hospital [jospitel]
hostal guesthouse [guestjaus], cheap hotel [chiip joutel]
hotel hotel [joutel]
hoy today [tudei]
huelga strike [straic]
hueso bone [boun]

Hu

91

huésped, a guest [guest]

huevo egg [eg]

humedad humidity [jiumíditi]

humo smoke [smouc]

humor humour [jiumer]

hundirse to sink [tu sinc]

I

ida (billete) one-way [uan-uei]
de ida y vuelta return (UK) [ritAern], roundtrip (US) [raundtrip]

idioma language [languich]
¿habla mi idioma? do you understand me? [du iu onderstand mi]

iglesia church [cherch]

igual the same [de seim], identical [idénticol]
es igual it doesn't matter [it dosent mater], it's all the same [its all de seim]
me da igual I don't mind [ai dount maind]

ilegal illegal [iligol]

impaciente impatient [impeishent]

impedir to prevent [tu prAevent]

imperdible safety pin [seifti pin]

impermeable raincoat [reincout]

importación: de importación imported [imported]

importar: no importa It doesn't matter [it dosent matAer]
¿le importa que...? do you mind if I...? [du iu maind if ai]

importe total amount [toutel amaunt]
¿cuál es el importe? how much does it come to? [jau moch dos it com tu]

imposible impossible [imposibAel]

impreso form [form]

imprevisto unforseen circumstance [onforsin sercomstans]

impuesto tax [tax]
libre de impuestos tax/duty free [tax/diuti fri]

inauguración inauguration [inaugereishen], opening [oupening]

incendiar to set fire to [tu set feier tu]

incendio fire [faier]

incluso even [iven]

incómodo, a uncomfortable [oncomftabol]

increíble incredible [incredibAel]

incremento increase [incris], rise [rais]

indemnizar to compensate [tu compenseit]

indicación sign [sain], indication [indiqueishAen]
indicaciones instructions [instrocshAens]

indicador indicator [indiqueitAer]

indigestión indigestion [indigestien]

indispuesto, a: me siento indispuesto I don't feel well [ai dount fil uel]

individual individual [individiual]; (cama, habitación) single [singAEl]

industria industry [indostri]

infantil children's [childrAENs]

infarto heart attack [jart atac]

infección infection [infecshAEn]

inferior lower [louer]

inflamación inflammation [inflameishAEn], swelling [suelin]

información information [informeishAEn]

¿tiene información sobre...? do you have information about...? [du iu jav inforeishAEn abaut]

información y turismo tourist information office [turist informeishAEn ofis]

informar to inform [tu inform]

informarse to get information [tu guet informeishAEn]

infracción offence [ofens]

infusión infusion [infiushAEn]

Inglaterra England [ingland]

ingle groin [groin]

inglés, a English [inglish]

ingrediente ingredient [ingridient]

ingreso entry [entri]; (banco) deposit [diposit]

inicial initial [inishAEl]

inodoro toilet (UK) [toilet], bathroom (US) [bazrum]

insecticida insecticide [insectisaid]

insecto insect [insect]

inseguridad insecurity [insiciuriti]

insertar insert [insert]

insolación sunstroke [sonstrouc]

instrucciones instructions [instrocshAEns]

insulina insulin [insiulin]

integral (alimento) wholemeal [joulmil]

interés interest [intrest]

interesante interesting [intrestin]

interferencia interference [interfirens]

interfono intercom [intercom]

interior (genérico) inner [iner], interior [intirier]

intermedio interval [intervAEl], intermission [intermishAEn]

intermitente indicator [indiqueiter]

interruptor switch [suitch]

interurbano, a intercity [intersiti]

llamada interurbana long distance call [long distAEns col]

intestino intestine [intestain]

intoxicación poisoning [poisenin]

inundación flood [flod], flooding [flodin]

inválido, a disabled [diseibAEld]

invierno winter [uinter]

invitado, a guest [guest]

invitar to invite [tu invait]

inyección injection [inchecshAEn]

ir to go [to gou]

ir a pie to walk [tu güoc]
ir en bicicleta/en coche to go by bike/bycar [tu gou bai baik/baicar]
vamos de compras let's go shopping [lets gou shopin]
¡vamos! let's go! [lets gou]
¡váyase! go away [gou auei]
¿dónde va este autobús? where does this bus go? [güer dos zis bos gou]
irse to leave [tu liiv]
Irlanda Ireland [eirland]
irlandés, a Irish [eirish]
isla island [eiland]
islamista Islamist [islamist]
islote rocky isle [roqui ial]
istmo isthmus [ismaes]
itinerario itinerary [aitinereri]
IVA VAT [vat]
izquierdo, a left [left]
  a la izquierda on the left [on de left]

J

jabón soap [soup]
jamás never [nevaer]
jamón ham [jam]
jaqueca migraine [maigrein]
jarabe syrup [sirop]
jardín garden [gardaen]
jarra jug [choeg]
jarrón vase [vaas]
jazmín jasmine [chasmin]
jeep jeep [chiip]
jefe, a boss [bos]

jefe de estación station master [steishon mastaer]
jeringuilla syringe [serinch]
jersey jumper [chompaer], sweater [suetaer]
joven young man/woman [iong man/uoman]
joya jewel [chiuel]
joyería (tienda) jeweller's [chiuelers]
jubilado, a pensioner [penshoner], senior citizen [sinier sitisen]
judía bean [bin]
judío, a Jewish [chiuish]
juego game [geim]
juerga: irse de juerga to go out partying [tu gou aut partiing]
jueves Thursday [zursdei]
jugar to play [tu plei]
juguete toy [toi]
juguetería toyshop [toishop]
julio July [chulai]
junio June [chun]
juntar to unite [tu iunait], to gather together [tu gazaer tugezaer]
junto, a together [tugezaer]
  junto a next to [necst tu]
justo, a fair [feir], just [chost]
juvenil young [iong]

K

ketchup ketchup [quetchop]
kilogramo kilogram [quilogram]

kilómetro kilometer [quilometaer]

L

la the [de]
labio lip [lip]
laborable: día laborable working day [uerquin dei]
laca hairspray [jeirsprei]
ladera slope [sloup]
lado side [said]
 al lado de beside, next to [bisaid, next tu]
 en el otro lado de on the other side of [on de ozer said ov]
ladrón, a thief [zif], robber [robear]
lago lake [leic]
laguna lagoon [lagun]
lámpara lamp [lamp]
lana wool [wul]
lancha boat [bout]
lápiz pencil [pensil]
largo, a long [long]
las the [de]
lástima shame [sheim], pity [piti]
 ¡qué lastima! what a shame! [uat a sheim], what a pity! [uat a piti]
lastimarse to hurt oneself [tu jert uanself]
lata can [can], tin [tin]
lateral side [said]
lavabo toilet [toilet]
 ¿el lavabo, por favor? the toilets, please? [de toilets, plis]
lavadora washing machine [uashin mashin]
lavandería laundry [londri]; (automática) launderette [londaeret]
lavar to wash [tu uash]
 lavar a mano/en seco hand wash/dry clean [jand uash/drai clin]
 lavar y marcar shampoo and set [champú and set]
lavavajillas dishwasher [dishuasher]
laxante laxative [laxativ]
lazo bow [bou]
le (a él) (to) him [(tu) jim]; (a ella) (to) her [(tu) jer]; (a usted) (to) you [(tu) iu]
lección lesson [leson]
leche milk [milk]
 leche desnatada low-fat milk [lo fat milk]
 leche limpiadora cleansing milk [clensin milk]
lechería dairy [deiri]
lechuga lettuce [letoes]
leer to read [tu riid]
lejano, a far [far]
lejos far [far], distant [distaent]
 ¿está muy lejos? is it very far? [is it veri far]
 lejos de far from [far from]
lencería (de mujer) lingerie [lonsheri]; (ropa) bed linen [bed linen]
lengua tongue [tong]; (idioma) language [languich]

lentillas contact lenses [contact lenses]

lento, a slow [slo]

leña firewood [feierwud]

leo Leo [lío]

leotardos (de gimnasia) leotard [liotard]; (medias) thick tights [zic taits]

les (a ellos, ellas) (to them) [(tu) dem]; (a ustedes) (to) you [(tu) iu]

letra letter [letAEr]; (escritura) handwriting [jandraitin]

letrero sign [sain], notice [notis]

levantar to lift [tu lift]

  levantarse to get up [tu guet op]

ley law [lo]

libra (horóscopo) Libra [libra]

libra esterlina pound sterling [paund sterling]

  libra irlandesa Irish pound/punt [eirish paund/punt]

 En el Reino Unido, la moneda es la libra esterlina (**Pound Sterling**) y el valor es igual en todas las regiones. Sin embargo, cada región tiene su propio banco y sus propios billetes, todos con el mismo valor. La unidad más pequeña es el penique (**penny**) y cada libra se divide 100 peniques. En Irlanda, la moneda es la libra irlandesa (**Irish Pound** o **Punt**); también se compone de

100 peniques, pero el valor no es el mismo.

libre free [fri]

  al aire libre open air [oupen eir]

  libre de impuestos duty free [diuti fri]

librería bookshop [bukshop]; (en casa) bookshelf [bukshelf]

libreta notebook [noutbuk]; (de banco) bankbook [bancbuk]

libro book [buk]

licor liquer [liciur]

ligero, a light [lait]

light (alimentos) diet [daiet]

lila lilac [lailac]

lima lime [laim]

  lima de uñas nail file [neil fail]

límite limit [limit]

limón lemon [lemon]

limpiar to clean [tu clin]

limpieza cleaning [clinin]

  servicio de limpieza de habitaciones room cleaning service [rum clinin servis]

limpio, a clean [clin]

línea line [lain]

  ¿puede darme línea, por favor? can I have an outgoing line, please? [can ai jav an autgouin lain, plis]

  línea de metro underground (UK)/subway(US) line [onderground/sobuei lain]

  líneas aéreas airlines [eirlains]

lipotimia fainting fit [feintin fit]

liso, a (pelo) straight [streit]; (no estampado) plain [plein]

lista list [list]

lista de espera waiting list [ueitin list]

lista de precios price list [preis list]

listín directory [directori]

litera bunk bed [bonc bed]; (de barco) berth [berth]; (de tren) couchette [cushet]

litro litre [liter]

llamada (phone) call [(foun) col]

hacer una llamada to make a phone call [to meic a foun col]

¿puedo hacer una llamada? can I make a phone call? [can ai meic a foun col]

llamada a cobro revertido reverse-charge call [revers-charch col]

llamada interurbana long-distance call [long-distens col]

llamada urbana local call [loquel col]

llamar to call [tu col]

por favor, llámeme a las siete please call me at seven o'clock [plis col mi at seven oucloc]

llamar por teléfono a to phone/call/ring [tu foun/col/ring]

llamarse to be called [tu bi colt]

me llamo Ana my name is Ana [mai neim is ana]

¿cómo se llama? what's your name? [uats ior neim]

llanura plain [plein]

llave key [qui]

la llave de la habitación, por favor the key to room, please [de qui tu rum, plis]

llegar to arrive/to get to [tu araiv/tu guet tu]

llegar pronto/tarde to arrive early/late [tu araiv erli/leit]

¿a qué hora llega el tren? what time does the train arrive? [uat taim dos de trein araiv]

diálogos

¿A qué hora llega? What time do you arrive? [güat taim du iu araiv]

Llego a las... I'm arriving at... [aim araiving at...]

¿Ha llegado mi taxi? Has my taxi arrived yet? [jas mai taxi araivt yet]

¿Me podría avisar cuando llegue el fax? Could you let me know when the fax arrives? [cud iu let mi nou güen de fax araivs]

llenar to fill (up) [to fil (op)]

lléneme el depósito (en gasolinera) fill it up, please [fil it op, plis]

lleno, a full (up) [fol (op)]

llevar to carry/hold [tu cari/jold]; (acompañar) to take

LL

[tu teic]; (ropa, gafas) to wear [tu güer]

comida para llevar take-away food [teic-auei fúd]

¿me lleva al aeropuerto? can you take me to the airport, please? [can iu teic mi tu de eirport, plis]

llevarse to take away [tu teic auei]

llover to rain [tu rein]

está lloviendo it's raining [its reinin]

llovizna drizzle [drisAEl]

lloviznar to drizzle [tu drisAEl]

lluvia rain [rein]

lluvioso, a rainy [reini]

lo it [it], the [de], what [uat]

La forma «lo» presenta diversas traducciones según su función y posición en la frase. Cuando va delante de un adjetivo, se usa **the**, por ejemplo: «lo difícil es...» se traduce como **the difficult thing is**... Cuando funciona como pronombre de objeto directo, (es decir, que representa una cosa), se traduce por **it**: «lo tengo aquí» **I have it here**. A veces se traduce por **what** también, por ejemplo: «lo que yo quiero saber es...» **what I want to know is**...

local local [loquel]

local venue [veniu], place [pleis]; (comercial) premises [premisis]

loción lotion [loshAEn]

loco, a mad [mad], crazy [creitzi]

los (artículo) the [de]

los libros the books [de bucs]

los (pronombre) those [zous], the ones [de uans]

nuestros cines y los de París our cinemas and those of Paris [auer sinemas and zous of paris]

lotería lottery [loteri]

luego later [leiter], after [aftAEr]

¡hasta luego! see you later! [si iu leiter]

lugar place [pleis]

lujo luxury [locsheri]

de lujo luxury [locsheri], de luxe [de lox]

luna moon [mún]

luna de miel honeymoon [jonimún]

lunes Monday [mondei]

luz light [lait]; (suministro) electricity [ilectrisiti]

se ha ido la luz the electricity has gone [de ilectrisiti jas gone]

M

madera wood [wud]

madre mother [mozAEr]

madrugada early morning [erli morning]

llegaré a las cuatro de la madrugada I'll arrive at four am/in the morning [ail araiv at for ei em/in de morning]

maduro, a (persona) mature [matiur]; (fruta) ripe [raip]

magia magic [magic]

majo, a (simpático) nice [neis]; (bonito) pretty [priti]

mal bad [bad]

sentar mal (comida) to disagree with [tu disagri wiz]; (ropa) not suit [not sut]

malentendido misunderstanding [misonderstandin]

malestar upset [opset]

maleta suitcase [sutqueis], case [queis]

facturar las maletas to check in [tu chec in]

hacer la maleta to pack [tu pac]

recoger las maletas to collect the luggage [tu colect de logich]

maletero boot (UK) [but], trunk (US) [tronc]

maletín briefcase [brifqueis]

malhumor bad mood [bad muud]

malo, a bad [bad]

mamá mum, mummy [moem, moemi]

manantial spring [spring]

mancha stain [stein]

mancharse to get dirty [tu guet derti]

mandar to send [tu send]

mando control [controul]

mando a distancia remote control [rimout controul]

manera way [uei]

de ninguna manera no way [no uei], under no circumstances [onder no sercumstanses]

de todas maneras anyway [eniuei]

manga sleeve [sliv]

manga corta/larga short/long sleeved [short/long slivt]

manicura manicure [manicuir]

mano hand [jand]

a mano derecha/izquierda on the right/left [on de rait/left]

dar la mano to shake hands [tu sheic jands]

de primera/segunda mano first/second hand [ferst/second jand]

manta blanket [blanquet]

mantel tablecloth [teibolcloz]

mantener (guardar) to keep [tu kip]; (en buen estado) to maintain [tu meintein]

manual manual [maniuol]

manzana apple [apAEl]

mañana tomorrow [tumorou]

pasado mañana the day after tomorrow [de dei aftAEr tumorou]

¡hasta mañana! see you tomorrow! [si iu tumorou]

mañana (parte del día) morning [morning]

por la mañana in the morning [in de morning]

mapa map [map]

mapa de carreteras road map [roud map]

maquillaje make-up [meic-op]

maquillarse to put one's make-up on [tu pot uans meic-op on]

máquina machine [mashin]

mar sea [si]

maravilloso, a marvellous [marvelus]

marca brand [brand]

marcar (teléfono) to dial [tu dail]

marcha (coche) gear [gier]

marcha atrás reverse gear [rivers gier]

ir de marcha to go out (on the town) [tu gou aut (on de taun)]

poner en marcha to start something [tu start somzin]

marcharse to leave [tu liv]

marearse to feel dizzy [tu fil disi]

margarita daisy [deisi]

marido husband [josbAend]

mármol marble [marboel]

martes Tuesday [tiusdei]

marzo March [march]

más more [mor]

más agua, por favor more water, please [mor uotAer plis]

más barato cheaper [chiper]

más bien rather [razAer]

masaje massage [masach]

mascarilla face mask [feis masc]

matar to kill [tu kil]

material material [mAEtiriol]

matrimonio marriage [marich]; (pareja) married couple [marid copAEl]

máximo, a maximum [maximom]

mayo May [mei]

mayor (de edad) older [oulder]; (de tamaño) bigger [biguer]

mayor de edad adult [adolt], of age [ov eich]

mayoría majority [machoriti]

la mayoría de most of [moust ov]

me me [mi], myself [maiself]

envíemelo send it to me [send it tu mi]

¿me lo deja? can you lend it to me? [can iu lend it tu mi]

mecánico, a mechanic [mecanic]

mechero lighter [laiter]

media average [averich]

media hora half an hour [jaf an auer]

media pensión half board [jaf bord]

a medias between us [bituin os]

medias tights [taits], pantyhose (US) [pantijous]

mediado, a: a mediados de halfway through [jafuei zru]

mediano, a medium [midium], average [averich]

medianoche midnight [midnait]

a medianoche at midnight [at midnait]

mediante through [zru], by [bai]

medicamento medicine [medisin]

medicina medicine [medisin]
médico, a doctor [doctAER]
medida measure [meshiur]; (medición) measurement [meshiurmAENT]
medio, a half [jaf]
en el medio in the middle [in de midel]
medio litro half a litre [jaf a liter]
medio de transporte means of transport [mins ov transport]
mediodía midday (UK) [middei], noon (US) [nun]
al mediodía at midday [at middei], noon [nun]
medir to measure [tu meshiur]
mediterráneo, a mediterranean [meditereinian]
medusa jellyfish [chelifish]
megafonía loudspeaker [laudspiquer]
mejilla cheek [chik]
mejor better [betAER]
me siento mejor I feel better [ai fil betAER]
a lo mejor maybe [meibi]
melocotón peach [pich]
melón melon [melon]
memoria memory [memori]
menor (edad) younger [ionguer]; (tamaño) smaller [smoler]
menor de edad underage [ondereich]
menos (cantidad) less [les]; (número) fewer [fiuer]
menos caro less expensive [les ecspensiv]

echar de menos to miss [tu mis]
menos mal thank God! [zanc god], just as well! [just as uel]
mensaje message [mesAECH]
mensual monthly [monzli]
menta mint [mint]
de menta mint [mint]
mentón chin [chin]
menú menu [meniu]
¿puede traerme el menú, por favor? can you bring me the menu, please? [can iu bring mi de meniu plis]
mercadillo street market [strit marquet]
mercado market [marquet]
mercería haberdashery (UK) [jabadAsheri], notions (store) (US) [noushAENs (stor)]
merendar to have an afternoon snack [tu jav an aftAErnun snac]
merendero open air café [oupen eir café], picnic area [picnic eiria]
merienda afternoon tea [aftAErnun ti], afternoon snack [aftAErnun snac]
mes month [monz]
mesa table [teibol]
una mesa para dos a table for two [a teibol for tu]
reservar mesa to book a table [tu buk a teibol]
meseta plateau [plato], tableland [teiboland]

Español → Inglés

Me

101

mesilla side table [said teibol]
 mesilla de noche bedside
 table [bedsaid teibol]
metal metal [metÆEl]
meter to put [tu pot]
metro (transporte)
 underground (UK)
 [ondergraund], subway (US)
 [sobuei]; (unidad) metre [miter]
 tomar el metro to get the
 underground/subway [to
 guet de ondergraund/sobuei]
 viajar en metro to go by
 underground/subway [tu
 gou bai undergraund/subuei]

 En EEUU se emplea el
 término **subway**, para
 designar el metro, pero
en Europa se dice **underground**,
menos en Londres dónde tiene
nombre propio: se conoce como **the
tube** [de tiub] (el tubo).

diálogos

Perdone, ¿dónde está
la estación de metro
más cercana? Sorry,
where's the nearest
underground station?
[sori güers de nirest
ondergraund steishAEn]
Hay una al final de esta
calle. There's one at the
end of this street. [zeirs
uan at de end ov zis strit]

Perdone, ¿dónde bajo
para ir a...? Excuse me,
where do I get off to go
to...? [ecscius mi güer du ai
guet of tu gou tu...]
Le quedan dos
estaciones. You have
two stations to go. [iu jav
tu steishaens tu gou]

mezcla mixture [mixtiur]
mezquita mosque [mosc]
mi my [mai]
 mí me [mi]
 es para mí it's for me [its for
 mi]
miedo fear [fier]
mientras while [guail]
 mientras tanto in the
 meantime [in de mintaim],
 meanwhile [minguail]
miércoles Wednesday
 [uensdei]
mierda shit [shit], crap [crap]
minifalda mini [mini]
minigolf minigolf [minigolf]
mínimo, a minimum
 [minimom]
ministerio ministry [ministri]
ministro, a minister [ministAEr]
minuto minute [minAEt]
 ¡un minuto! one second [uan
 secAEnd]
 mío, a mine [main]
 es mío it's mine [its main]
miope short-sighted [short-
saited]

mirador viewing point [viuing point]

mirar to look [tu luk]

sólo estoy mirando, gracias (en tienda) I'm just looking, thanks [aim just luking zancs]

misa mass [mas]

miseria misery [miseri]

mismo, a the same [the same]

mitad half [jaf]

a mitad de precio halfprice [jafpreis]

mochila rucksack [roecsac], backpack [bacpac]

moda fashion [fashᴀen]

estar de moda to be in fashion [tu bi in fashᴀen]

modelo model [modᴀel]

moderno, a modern [modᴀern]

modo way [uei]

modo de empleo instructions for use [instrocshᴀens for ius]

de todos modos anyway [eniuei], in any case [in eni queis]

mojado, a wet [uet]

molestar to disturb [tu distᴀerb], to bother [tu bozᴀer]

no se moleste don't put yourself out [dount pot iorself aut]

molestia disturbance [disterbans]

momento moment [moument]

un momento, por favor one moment, please [uan moument plis]

monarquía monarchy [monᴀerqui]

monasterio monastery [monastri]

moneda coin [coin]

no tengo monedas I've no (small) change [aiv no (smol) cheinch]

monedero purse [pers]

montaña mountain [mauntᴀen]

montaña rusa roller coaster [rouler couster]

montar (tienda de campaña) to put up [tu pot op]; (subir) to get in/on [tu guet in/on]

montar a caballo/en bicicleta to ride a horse/a bike [tu raid a jors/a baik]

monte mountain [mauntᴀen]

monumento monument [moniumᴀent]

mordedura bite [bait]

morder to bite [tu bait]

mordisco bite [bait]

moreno, a (del sol) tanned [tant]; (de piel) dark-skinned [darc-skint]

ponerse moreno to get a tan [tu guet a tan]

morir to die [tu dai]

mosca fly [flai]

mosquito mosquito [mosquitou]

me ha picado un mosquito I've been bitten by a mosquito [aiv bin biten bai a mosquitou]

mostaza mustard [mostᴀerd]

mostrador counter [caunter]

mostrar to show [tu shou]

motel motel [motel]

motivo reason [rison], motive [motiv]

moto motorbike [mouterbaik]

motocicleta moped [mouped], scooter [scutAer]

motor engine [enchin]

motor de gasolina/diésel petrol/diesel engine [petrol/diesel enchin]

mover to move [tu mouv]

móvil (teléfono) mobile [moubail]

movimiento movement [muvmAent]

mucho, a (en frases positivas) a lot of [a lot ov]; (en preguntas y negativas) many [meni], much [moch]

me gusta mucho I like it a lot/I love it [ai laik it a lot/ai lov it]

mucho más/menos much more/less [moch mor/les]

muchas gracias thank you very much [zanc iu veri moch]

muchas veces lots of times [lots ov taims]

mudo, a dumb [doem]

mueble furniture [fernitiur]

muela tooth [tuz]

me duelen las muelas my teeth hurt [mai tiz jert]

muela del juicio wisdom tooth [wisdom tuz]

muelle (del puerto) quay [qui]; (de colchón) spring [spring]

mujer woman [uomAen]

muleta crutch [croetch]

voy con muletas I'm on crutches [aim on croetches]

multa fine [fain]

poner una multa to fine [tu fain]

mundo world [uorld]

todo el mundo everyone [evriuan], everybody [evribodi]

municipio municipality [miunisipaliti]; (edificio) town hall [taun jol]; (comité) town council [taun caunsil]

muñeca wrist [rist]

muñeco, a doll [dol]

muralla wall [uol]

museo museum [miusium]

música music [miusic]

musical musical [miusiquel]

musulmán, a muslim [moslim]

mutua private health insurance [preivAet jelz insiurans]

muy very [veri]

muy bien very good [veri gud]

N

nacer to be born [tu bi born]

nacimiento birth [berth]

nacionalidad nationality [nashonaliti]

nada nothing [nozin], anything [enizin]

de nada you're welcome [ior uelcom], not at all [not at ol]

nada más nothing else [nozin els]

nadar to swim [tu suim]

nadie nobody [noubodi], anybody [enibodi]

nalga buttock [boetoc]

naranja (color) orange [orinch]; (fruta) orange [orinch]

nariz nose [nous]

nata cream [crim]

natación swimming [suimin]

natural natural [natiurAEl]

naturaleza nature [neitiur]

náusea nausea [nosia]

tengo náuseas I feel sick [ai fil sic]

navaja: navaja de afeitar razor [reiszAEr]

navegar to sail [tu seil]

Navidad Christmas [crismas]

neblina mist [mist]

necesario, a necessary [nesAEsAEri]

es necesario it's necessary [its nesAEsAEri]

necesitar to need [tu nid]

necesito ayuda I need help [ai nid jelp]

negocio business [bisness]

negro, a black [blac]

nervio nerve [nAErv]

nervioso, a nervous [nAErvos]

neumático tyre [teier]

nevar to snow [tu sno]

está nevando it's snowing [its snoing]

nevera fridge (US) [fridch], icebox (US) [eisbox]

ni neither... nor [naizer... nor]

niebla fog [fog]

nieto, a grandson (grandaughter f) [grandson, grandotAEr]

nietos grandchildren [grandchildrAEn]

nieve snow [sno]

ninguno, a (cosa) none [non]; (persona) nobody [noubodi]

niño, a boy (girl) [boy (gerl)]

niños children [childrAEn]

nivel level [levAEl]

no no [no]

no, gracias no thank you [no zanc iu]

¿por qué no? why not? [guai not]

noche night [nait]

noche de bodas wedding night [uedin nait]

por la noche at night [at nait]

traje de noche evening dress [ivening dres]

¡buenas noches! good night! [gud nait]

¿a qué hora se hace de noche? what time does it get dark? [uat taim dos it guet darc]

Nochevieja New Year's Eve [niu iers iv]

 En los países anglosajones, la Nochevieja es una de las celebraciones más importantes del año. Se suele celebrar cenando con la familia o con los amigos, y después, con fiestas particulares o especialmente organizadas para el evento. A las 12 la gente se pone en círculo, cogidos de la mano, y canta **Auld Lang Syne**.

nocturno, a night [nait]
nombre name [neim]
noreste north east [norz ist]
normal normal [normAEl], ordinary [ordineri]
norte north [norz]
nos us [us], ourselves [auerselvs]
nosotros, as (sujeto) we [güi]; (objeto) us [us]
nota (cuenta) bill [bil]; (mensaje) note [nout]
noticia a piece of news [a pis ov nius]
noticias news [nius]
novela novel [novAEl]
noviembre November [november]
novio, a boyfriend (girlfriend) [boyfrend (gerlfrend)]
nube cloud [cloud]
nublado, a cloudy [cloudy]
nuca nape [neip], back of neck [bac ov nec]
nudista nudist [nudist]
playa nudista nudist beach [nudist bich]
nuestro, a our [auer]
nuevo, a new [niu]
nuevo sol new sol [niu sol]
número number [nombAEr]
perdone, me he equivocado de número sorry, I've dialed the wrong number [sori aiv dailt de rong nombAEr]

número de teléfono phone number [foun nombAEr]
nunca never [nevAEr]

diálogos

Información telefónica, ¿puedo ayudarle? Directory enquiries, can I help you? [dairectori encuairis can ai jelp iu]
Sí, estoy buscando el número de la embajada española. Yes, I'm looking for the number of the Spanish Embassy. [ies aim lukin for de nombAEr of de spanish embasi]
Un momento, es el 232 45 22 11. One moment. It's 232 45 22 11. [uan moument its tu zri tu for faiv dobel tu dobel uan]
¿Podría repetirlo, por favor? Could you repeat that please? [cud iu repit zat plis]

O

oasis oasis [oasis]
objeto object [obchect]
objetos perdidos lost property [lost properti]
obligatorio, a obligatory [obligatori]
obra: obra de teatro play [plei]

observatorio observatory [obsAErvatri]

ocasión occasion [oqueishAen]

oceánico, a Oceanic [ousianic]

océano ocean [oushAen]

ocio entertainment [enterteinmAent]

octubre October [octouber]

oculista optician [optishAen]

ocupar to be taken [tu bi teiquen]

¿está ocupado? is this... taken? [is zis... teiquen]

ocurrir to happen [tu japen]

¿qué ocurre? what's happening? [uats japening]

oeste west [uest]

oferta offer [ofAEr]

de oferta on special offer [on speshol ofAEr]

oficina office [ofis]

oficina de correos post office [poust ofis]

oficina de turismo tourist office [turist ofis]

oído hearing [jiring]

oír to hear [tu jir]

¿oiga? excuse me! [ecsquius mi]

diálogos

¡Oye! ¿Hay alguien aquí? Hey, is there anyone there? [jei is zer eniuan zeir] Hay problemas en la línea. No puedo oírle muy bien. The line is very bad. I can't hear you very well. [de lain is veri bad ai cant jir iu veri uel]

ojalá if only! [if onli], I wish! [ai wish]

ojo eye [ai]

oler to smell [tu smel]

¡qué bien/mal huele! what a lovely/horrible smell! [uat a lofli/joribAel smel]

olor smell [smel]

olvidar to forget [tu forguet]

ombligo navel [neivAel]

ópera opera [opera]

oportunidad opportunity [opAertiuniti]

óptica optician's [optishAens]

opuesto, a contrary [contrAeri]

orden order [ordAEr]

ordenador computer [compiutAEr]

oreja ear [ier]

original original [orichinAel]

orilla (del mar) seashore [sishor]; (del río) riverbank [riverbanc]

oro gold [gould]

os you [iu], yourselves [iorsElvs]

oscurecerse to get dark [tu guet dark]

oscuro, a dark [dark]

otoño autumn [otum]

otro, a another [anozAEr]

otra cerveza, por favor another beer, please [anozAEr rum plis]

¿puede darnos otra habitación? can you give us another room? [can iu giv us anozAEr rum]

P

padre father [faʒAER]
pagar to pay [tu pei]
  pagar al contado/en efectivo to pay (in) cash [tu pei (in) cash]
  pagar con tarjeta to pay by credit card [tu pei bai credit card]

Se puede pagar con tarjeta de crédito en todos los establecimientos grandes, pero en las tiendas o los restaurantes pequeños es posible que no las acepten. En los bares y pubs se suele pagar en efectivo en el momento de recibir las bebidas.

diálogos

Son cincuenta libras, por favor. That's 50 pounds, please. [zats fifti paunds plis]
¿Puedo pagar con tarjeta? Can I pay by credit card? [can ai pei bai credit card]
Sí, aceptamos la mayoría de las tarjetas de crédito. Yes, we accept all major credit cards. [ies güi acsept all meichor credit cards]

página page [peich]
  páginas amarillas yellow pages [hielo peiches]
pago payment [peimAent]
país country [contri]
  país natal place of birth [pleis of berth]
paisaje scenery [sineri], landscape [landsceip]
País de Gales Wales [ueils]
pájaro bird [berd]
pala (herramienta) spade [speid]; (de frontón, ping-pong) bat [bat]
palabra word [woerd]
palacio palace [palAES]
  palacio de congresos conference centre [conferens sentAER]
palco box [box]
pálido, a pale [peil]
palillo toothpick [túzpic]
palo stick [stic]; (de golf) club [cloeb]
pan bread [bred]
  pan blanco/integral white/wholemeal bread [uait/joulmil bred]
  pan tostado toast [toust]
panadería bakery [beiqueri]
páncreas pancreas [pancrios]
panecillo breadroll [bredroul]
pantalla screen [scrin]
pantalón trousers [trausAers], pants (US) [pants]
pantorrilla calf [caaf]
panty tights [taits], stockings [stoquins]
pañal nappy (UK) [napi], diaper (US) [daiper]

pañuelo handkerchief [janquerchif], hanky [janqui]

pañuelo de papel tissue [tisiu], paper hanky [peipAER janqui]

papá dad [dad], daddy [dadi]

papel paper [peipAER]

papel higiénico toilet paper [toilet peipAER]

papelera bin [bin]; (en la calle) litter bin [litAER bin]

paquete package [paquech], parcel [parsel], packet [paquet]

paquete de tabaco packet of tobacco [paquet ov tobaco]

paquete postal package/parcel [paquech/parsel]

para for [for]; (con el fin de) in order to

es para ti it's for you [its for iu]

para llegar a tiempo (in order) to arrive on time [(in order) tu araiv on taim]

Muchas veces cuando la preposición «para» va seguida de un verbo en infinitivo, en inglés no se traduce: «aprieta aquí para abrirlo» **press here to open it**.

parachoques bumper [bompAER], fender (US) [fendAER]

parada stop [stop]

¿cuál es la próxima parada? what's the next stop? [uats de next stop]

parada de autobus bus stop [bos stop]

parada de taxis taxi stand [taxi stand]

parador luxury hotel and/or restaurant [luxiuri joutel and/or restaEront]

paraguas umbrella [ombrela]

paralelo, a parallel [paralel]

paralítico, a paralytic [paralitic]

parar to stop [tu stop]

puede parar aquí, gracias stop here, please [stop jir plis]

¿para cerca de...? do you stop near... ? [du iu stop nir]

parasol parasol [parasol]

parecerse to be alike [tu bi alaik]

pared wall [uol]

pareja (los dos) couple [copel]; (persona) partner [partnAER]

parlamento parliament [parlAEment]

parque park [park]

parque acuático waterpark [uotAErpark]

parque de atracciones amusement park [amiusmAEnt park]

parque nacional national park [nashnAEl park]

parque temático theme park [zim park]

parque zoológico zoological

Pa

gardens [zulochiquel gardens], zoo [zu]

parte: ¿de parte de quién? who's calling? [ius colin]

de parte de on behalf of [on bijaf ov]

participar to take part [tu teic part], to participate [tu partisipeit]

partido (de fútbol, baloncesto) match [match], game [geim]

pasado, a last [last]

la semana pasada last week [last uik]

pasado mañana the day after tomorrow [de dei after tumorou]

pasaje ticket [tiquet]

pasajero, a passenger [pasinchAer]

pasaporte passport [pasport]

pasar to pass [tu pas]; (suceder) to happen [tu japen]; (aduana) to go through [tu gou zru]

¿a qué hora pasa el tren? what time is the train? [uat taim is de trein]

¿por dónde pasa este autobús? where does this bus go? [güer dos zis bos gou]

¿qué pasa? what's the matter? [uats de matAer]

Pascua Easter [ister]

¡Felices Pascuas! Happy Easter! [japi ister]

pase (proyección) showing [shouing]; (desfile) parade [pareid]

pasear to go for a walk [tu gou for a güoc); (un animal) to take for a walk [tu teic for a güoc]

diálogos

> ¿Me puede pasar con el Sr. Smith, por favor? Can you put me through to Mr. Smith, please? [can iu pot mi zru tu mister smiz plis]
> Sí, un momento por favor. Yes, one moment, please. [ies uan moument, plis]

paseo (a pie) a walk [a güoc]; (en coche) a drive [a draiv]; (en caballo) a ride [a raid]

paseo marítimo promenade [promenad]

dar un paseo to go for a walk [tu gou for a güoc]

pasillo corridor [corAedor]; (en avión, tren, cine) aisle [ail]

paso (al andar) step [step]; (cruce) crossing [crosing]

paso a nivel level crossing [levAel crosing]

paso cebra zebra crossing [tsebra crosing]

paso de peatones pedestrian crossing [pedestrian crosing]

paso subterráneo subway [sobuei], underpass (US) [onderpas]

pasta (comida) pasta [pasta]

pasta de dientes toothpaste [tuzpeist]

pastelería (tienda) cake shop [queic shop]; (repostería) pastries [peistris]

pastilla tablet [tablet], pill [pil]

pata leg [leg]

patata potato [poteitou]

patín skate [squeit]

patio patio [patio]

peaje toll [toul]

autopista de peaje toll motorway (UK) [toul motaɛruei], tollway (US) [touluei]

peatón, a pedestrian [pedestrian]

pecho chest [chest]; (de mujer) breast [brest]

pedazo piece [pis]

pedir to ask for [tu ask for]; (solicitar) to order [tu ordaɛr]

no había pedido esto I didn't order this [ai dident ordaɛr zis]

ya hemos pedido, gracias we've already ordered, thanks [uiv olredi ordaɛrt, zancs]

¿podemos pedir ya? can you take our order? [can iu teic auer ordaɛr]

pedir socorro to cry for help [tu crai for jelp]

pegamento glue [glu]

peinado hairdo [jeirdu]; (estilo, tipo) hairstyle [jeirstail]

peinarse to do one's hair [tu du uans jeir]

peine comb [coum]

peletería (tienda) furrier [foerier]

película (cine) film [film], movie (US) [muvi]; (carrete) film [film]

peligroso, a dangerous [deincherus]

pelo hair [jeir]

quiero cortarme el pelo I want to get my hair cut [ai uant tu guet mai jeir cot]

pelota ball [bol]

peluquería hairdresser's [jeirdresaɛrs]

pendiente earring [iering]

pene penis [pinoes]

península peninsula [peninsiula]

pensar to think [tu zinc]

pensión guesthouse [guestjaus]

media pensión half board [jaf bord]

pensión completa full board (UK) [ful bord], full plan (US) [ful plan]

 El equivalente en precio de una pensión es un **Bed and Breakfast** [bed and brekfaɛst], que incluye el alojamiento y el desayuno.

peor worse [uers]

pepino cucumber [ciucombaɛr]

pequeño, a small [smol], little [litel]

pera pear [peir]

percha (coat) hanger [(cout) janguer]

perchero coatstand [coutstand]

perder to lose [tu lus];

(perderse) to get lost [tu guet lost]

he perdido la cartera I've lost my wallet [aiv lost mai ualet]

me he perdido I've got lost [aiv got lost]

perdón pardon [pardAEn]

¡perdón! (como disculpa) sorry! [sori], excuse me! [ecscius mi]

¿perdón? (al no entender) sorry? [sori], pardon? [pardAEn]

perdonar to forgive [tu forgiv]; (perdonarse) to say sorry [tu sei sori]

¡perdone! (como disculpa) I'm sorry! [aim sori]; (para llamar la atención) excuse me? [ecscius mi]

perfecto, a perfect [perfect]

perfume perfume [perfium]

perfumería (tienda) perfumery [perfiumeri]

periódico newspaper [niuspeipAEr]

permiso permission [permishAEn]; (documento) licence [laisens], permit [permit]

permiso de conducir driving licence [draiving laisens]

pedir permiso to ask for permission [tu ask for permishAEn]

permitir to allow [tu alAau]

¿me permite? may I? [mei ai]

pero but [bot]

perro, a dog, bitch [dog, bitch]

persiana shutter [shotAEr]

persona person [pAErson]

personal (privado) personal [personAEl], private [praivAEt]; (trabajadores) staff [staf], personnel [personel]

pesar to weigh [tu uei]

¿cuánto pesa? how much does it weigh? [jau moch dos it uei]

a pesar de in spite of [in spait ov]

pesca fishing [fishing]

pescadería fishmonger's [fishmonguers]

pescado fish [fish]

peseta peseta [peseita]

peso weight [gueit]

pestaña eyelash [ailash]

peste stink [stink]

pez fish [fish]

piano piano [piano]

picadura (de insecto) bite [bait]; (de abeja, avispa) sting [sting]

picar (picadura) to itch [tu itch], to sting [tu sting]; (comida) to have a snack [tu jav a snac]

me ha picado un mosquito I've been bitten by a mosquito [aiv bin biten bai a mosquitou]

picnic picnic [picnic]

área de picnic picnic area [picnic eiria]

pico (cumbre) peak [pic]; (de ave) beak [bic]

cincuenta y pico fifty something/odd [fifti somzin/od]

picor itch [itch]

pie foot [fut]

a pie on foot [on fut]

piedra stone [stoun]

piel skin [skin]

pierna leg [leg]

pieza part [part]

pieza de repuesto spare part [speir part]

pijama pyjama [pichama]

pila battery [bateri]; (montón) pile [pail]

pila alcalina/recargable alkaline/rechargable battery [alcalein/richarchebol bateri]

pilar pillar [pilAEr]

píldora pill [pil]

piloto pilot [pailot]

pimiento pepper [pepAEr]

pinchar to puncture [tu ponctiur]; (con algo afilado) to prick oneself [tu pric oneself]

pincharse to get a puncture [tu guet a ponctiur]

se ha pinchado la rueda the wheel has punctured/blown [de uiil jas ponctiurt/bloun]

pinchazo puncture [ponctiur]

ping-pong ping pong [ping pong]

pintado, a painted [peintAEd]; (con maquillaje) made-up [meid op]

pintalabios lipstick [lipstic]

pintoresco, ca picturesque [pictiuresc], quaint [cueint]

pintura paint [peint]; (cuadro) painting [peinting]

pinzas (de depilar) tweezers [tuisers]; (de tender) clothes pegs [clouzs pegs]

piña pineapple [painapAEl]

piojo louse [laus]

pipa pipe [paip]

pipí wee [güi]

piragüismo canoeing [canuing]

pirámide pyramid [piramid]

piscina swimming pool [suimin pul]

piscis Pisces [paisis]

piso (vivienda) flat [flat]; (planta) floor [flor]

primer piso first floor (UK) [ferst flor], second flor (US) [secAEnd flor]

vamos al tercer piso we're going to the third floor [güir gouing tu de zird flor]

¿a qué piso va? what floor? [uat flor]

¿en qué piso está? which floor are you on? [uich flor ar iu on]

En inglés norteamericano se traduce piso por **apartment**. La palabra **flat** sólo se usa para referirse a un piso que ocupa toda una planta. Sin embargo, en el Reino Unido **apartment** significa un estudio o apartamento, y **flat** se refiere a un piso normal.

pista track [trac]
 pista de aterrizaje runway [runuei]
 pista de esquí ski slope [squi sloup]
 pista de patinaje skating rink [squeiting rink]
 pista de tenis tennis court [tenis cort]
pizzería pizzeria [pizzaria]
plan plan [plan]
planchar to iron [tu aiern]
planicie plain [plein]
plano map [map]
 ¿tiene un plano de la ciudad/del metro? do you have a map of the city/underground/subway (US) [du iu jav a map ov de siti/ondergraund (sobuei)]
planta floor [flor]
 planta baja ground floor (UK) [graund flor], first floor (US) [ferst flor]
plástico plastic [plastic]
plata silver [silvAEr]
 plata de ley sterling silver [sterling silvAEr]
plátano banana [banana]
plato (comida) dish [dish]; (parte de una comida) course [cors]; (recipiente) plate [pleit]
 plato del día today's special [tudeis speshAEl]
 plato llano/hondo plate/soup dish [pleit/sup dish]
 primer plato first

course/starter [ferst cors/startAEr]
 segundo plato main course [mein cors]
playa beach [bich]
 ir a la playa to go to the beach [tu gou tu de bich]
plaza (asiento) seat [sit]; (lugar) square [squeir]
 ¿quedan plazas libres? are there seats left? [ar zeir sits left]
 plaza mayor main square [mein squeir]
plazo installment [instolmAEnt]
plegable folding [foulding]
pluma (estilográfica) fountain pen [faunten pen]; (de ave) feather [fezAEr]
población town [taun]; (habitantes) population [popiuleishAEn]
pobre poor [pur]
poco, a (incontable) (a) little [(a) litAEl]; (contable) (a) few [(a) fiu]
 hace poco recently [risentli]
 un poco de leche a little milk [a litAEl milk]

diálogos

¿Cuánto tiempo estará aquí? How long are you here? [jau long ar iu jir]
Sólo unos días. Only for a few days. [onli for a fiu deis]

¿Quiere más café?
Would you like more
coffee? [güd iu laik mor cofi]
Sólo un poco. Just a
little. [chust a litel]

poder to be able to [tu bi eibol
tu], can [can]
  no puedo abrir la puerta I
  can't open the door [ai cant
  oupen de dor]
  ¿se puede? may I? [mei ai]
policía police [polis]
  policía (agente) policeman/
  policewoman [polisman/
  polisuoman]

En el Reino Unido e
Irlanda, la policía no va
armada, y sólo hay un
cuerpo de policía: **police** en el Reino
Unido, **Gardai** en Irlanda. En EEUU
la policía también se llama **police** y
los agentes suelen ir armados.

polideportivo sports centre
  [sports sentAer]
pollo chicken [chiquen]
polo (helado) ice lolly [eis loli];
  (jersey) polo shirt [poulou shert]
polvo dust [dost]
pomada ointment [ointmAent]
poner to put [tu pot]
  ¿dónde puedo poner...?
  where can I put...? [güer can
  ai pot]
  **¿puede ponerme con

Bilbao?** can you put me
through to Bilbao? [can iu
pot mi zru tu bilbao]
popa stern [stAern]
popular popular [popiulAer]
por for [for]; (tiempo) in [in];
  (medio) by [bai]
  lo hizo por mí he did it for
  me [ji did it for mi]
  por correo/por teléfono by
  post/phone [bai poust/foun]
  por esta razón for this
  reason [for zis rison]
  por favor please [plis]
  por la mañana/tarde in the
  morning/afternoon [in de
  morning/afternun]
  por lo menos at least [at liist]
  por semana per week [per uik]
  ¿por qué? why? [guai]
porcelana china [chaina],
  porcelain [porsalin]
porción portion [porshAen]
porque because [bicOs]
portaequipajes luggage rack
  [logich rac]
portátil portable [portabol]
portería porter's office [porters
  ofis], caretaker's office
  [querteiquers ofis]
portero, a porter [porter],
  caretaker [querteiquer]
  portero electrónico
  intercom [intercom]
posada inn [in]
posavasos coaster [couster];
  (en un bar) beer mat [bir mat]
posibilidad possiblility
  [posibiliti]

posible possible [posiboel]
 es posible it's possible [it's posiboel]
 si es posible if it's possible [if its posiboel]
postal postcard [poustcard]
póster poster [poustAEr]
posterior (en espacio) rear [rier], back [bac]; (en tiempo) later [leiter], subsequent [sobsequent]
postre dessert [disAErt]
 de postre tomaré... for dessert I'll have... [for disAErt ail jav]
potable drinkable [drincabol]
pozo well [uel]
practicante medical assistant [medicol asistant]
práctico, a practical [practiquel]
pradera meadow [medou], prairie [preiri]
precaución precaution [pricoshAEn]
precio price [preis]
 ¿qué precio tiene? how much is it? [jau moch is it]
preferente preferential [prefAErenshol]
preferir to prefer [tu prifAEr]
pregunta question [cuestyoen]
preguntar to ask [tu ask]
prenda item of clothing [aitem ov clouzin]
prensa press [pres], newspapers [niuspeipAErs]
preocuparse to worry (about) [tu ueri (abaut)]

preparar to prepare [tu prepeir], to get ready [to guet redi]
presentar to introduce [tu introduis]
 le presento a... this is... [zis is]
preservativo condom [condom]
presidente, a president [presidAEnt]; (de una empresa) director [directAEr]
presión pressure [preshur]
 tomar la presión to take someone's blood pressure [tu teic somuans blod preshur]
prestar to lend [tu lend]
presupuesto quotation [quoteishAEn], cost estimate [cost estimAEt]
previo, a previous [privius]
primavera spring [spring]
primera first [ferst]
primero, a first [ferst]
principal main [mein]
principio beginning [beguining], start [start]
 a principios de at the beginning of [at de beguining ov]
 al principio at the beginning/start [at de beguining/start]
prisa hurry [jAEri]
 dese prisa hurry up! [jAEri op]
 tengo prisa I'm in a hurry/rush [aim in a jAEri/rosh]
 de prisa quickly [cuikli]
prismáticos binoculars [binoculers]

privado, a private [praivAEt]
probador fitting room [fiting rum], changing room [cheiching rum]
probar to try [tu trai]
  probarse to try on [tu trai on]
  ¿me lo puedo probar? can I try it on? [can ai trai it on]
problema problem [problem]
  tengo un problema I have a problem [ai jav a problem]
producto product [product]
profesión profession [profeshAEn]
profesor, a teacher [tichAEr]
profundo, a deep [dip]
programa programme [prougram]
prohibido, a forbidden [forbiden], prohibited [projibitAEd]
  ¿está prohibido aparcar? is this a no parking zone? [is zis a no parking zoun]
pronto soon [sun]; (por la mañana) early [erli]
  ¡hasta pronto! see you soon! [si iu sun]
propietario, a owner [ouner]
propina tip [tip]
  dar/dejar propina to tip/leave a tip [tu tip/liv a tip]

En EEUU los empleados del sector de la hostelería tienen un sueldo básico que redondean con las propinas, por esto se considera que las propinas son obligatorias, y suele darse entre un 10 % y un 15 % de la cuenta. En el Reino Unido e Irlanda depende del establecimientos, en algunos el servicio está incluido en el precio, pero en otros no.

protegerse to protect oneself [tu protect uanself]
protestar to protest [tu protest]
provecho: ¡buen provecho! enjoy your meal! [enchoi ior mil]
provincia province [provins]
próximo, a next [next]
  la semana próxima next week [next uik]
  ¿cuándo sale el próximo tren? what time does the next train leave? [uat taim dos de next trein liv]
prueba test [test]
pub wine bar [guain bar], music bar [music bar]
pubis pubes [piubs]
publicidad advertising [advertaising]
público, a public [poblic]; (teatro, concierto) audience [odiens]
pueblo village [vilAEch], town [taun]
puente bridge [bridch]
  puente aéreo shuttle (plane) [shotAEl (plein)]
puerta door [dor]; (exterior) gate [geit]
  puerta de embarque departure gate [dipartiur geit]
puerto harbour [jarbAEr], port [port]

puerto deportivo/náutico
marina [marina]
pulga flea [fli]
pulmón lung [loeng]
pulsar to press [tu pres]
pulsera bracelet [breislʌɛt]
pulso pulse [pols]
punta point [point], tip [tip]
punto point [point], dot [dot];
(lana) knitting [niting]
punto de interés sight [sait]
puntual punctual [ponctual]
puño (de manga) cuff [coef];
(mano cerrada) fist [fist]
puro cigar [sigar]

Q

que (persona) who [ju]; (cosa)
that [zat], which [uich]
qué what [uat], how [jau]
¡qué bonito! how pretty! [jau
priti]
¿qué hora es? what time is
it? [uat taim is it]
quedar (permanecer) to stay [tu
stei]; (con gente) to arrange to
meet [tu areinch tu mit]
quedamos a las ocho let's
meet at eight o'clock [lets
mit at eit oucloc]
quedarse sin gasolina to run
out of petrol/gas [tu roen aut
ov petrol/gas]
quédese con el cambio keep
the change [quip de cheinch]
quejarse to complain [tu
complein]

quemadura burn [boern]
quemarse to burn oneself [tu
boern uanself]
querer to want [tu uant]; (amar)
to love [tu lov]
te quiero I love you [ai lov iu]
sin querer without meaning
to [wizaut mining tu]

diálogos

¿Qué desean tomar?
What would you like?
[uat güd iu laik]
Yo quiero un café solo, y
mi marido un café con
leche, por favor. I'd like a
black coffee and my
husband would like a
white coffee, please. [aid
laik a blac cofi and mai josbʌɛnd
güd laik a uait cofi plis]
¿Quieren algo para
comer? Do you want
anything to eat? [du iu
uant enizin tu it]
No, eso es todo, gracias.
No, that's all, thanks. [no
zats ol zancs]

queso cheese [chiis]
quién who [ju]
¿quién es? (por teléfono)
who's calling? [jus coling]
quieto, a (parado) still [stil],
quiet [cuaiet]
quinta country house [contri
jaus]

quiosco kiosk [kiosk], newspaper stand [niuspeiper stand]

quitaesmalte nail polish remover [neil polish rimuvAER]

quitar to remove [tu rimuv]; (ropa) to take off [tu teic of]

quizá perhaps [perjaps], maybe [meibi]

R

ración portion [porshAEn]

radiador radiator [reidieitAEr]

radio radio [reidio]

radiocasete radiocassette player [reidiocaset pleiyer]

rama branch [branch]

ramo bouquet [bouquei], bunch [boench]

rápido, a quick [cuik], fast [fast]
  rápido quickly [cuikli]

raqueta racquet, racket [raquet]

raro, a (extraño) strange [streinch], odd [od]; (excepcional) rare [reir], unusual [uniusual]

rascacielos skyscrapers [scaiscreipAErs]

rasguño scratch [scratch]

rasuradora electric shaver [electric sheivAEr]

rata rat [rat]

rato while [guail]
  a ratos from time to time [from taim tu taim]

ratón mouse [maus]

raya line [lain]
  a rayas striped [straipt]

rayo ray [rei]
  rayos UVA UVA rays [iu vi ei reis]
  rayos X X-rays [ecs-reis]

razón reason [rison]
  tener razón to be right [tu bi rait]

real real [riol]; (de la monarquía) royal [royAEl]

rebaja discount [discaunt]
  rebajas sales [seils]

rebanada slice [sleis]

rebozado, a in batter [in batAEr], in egg and breadcrumbs [in eg and bredcroms]

recado message [mesAEch]
  ¿tiene algún recado para mí? are there any messages for me? [ar zeir eni mesAEches for mi]

recambio (pieza) spare (part) [speir (part)]

recepción reception [risepshAEn]

recepcionista receptionist [risepshAEnist]

receta (de cocina) recipe [resipi]; (médica) prescription [priscripshAEn]

recibir to receive [tu resiv], to get [tu guet]

recibo receipt [resit]

reclamación (petición) claim [cleim], demand [dimand]; (queja) complaint [compleint]
  libro de reclamaciones

Español → Inglés

Re

119

complaints book [compleints buk]

oficina de reclamaciones complaints department [compleints dipartmaent]

reclamación de equipajes baggage reclaim [bagich ricleim]

reclamar to demand [tu dimand], to claim [tu cleim]; (protestar) to complain [tu complein]

recoger to collect [tu colect], to pick up [tu pic op]

recomendar to recommend [tu recomend]

¿qué restaurante me recomienda? which restaurant would you recommend? [güich restaeront güd iu recomend]

recorrido route [rut]

¿qué recorrido hace este autobús which route does this bus take? [güich rut dos zis bos teic]

recto, a straight [streit]

recto straight on [streit on], ahead [ajed]

¿he de seguir recto? do I go straight on? [du ai gou streit on]

recuerdo souvenir [suvenir]

¡recuerdos! regards [rigards]

red net [net]

redondo, a round [raund]

reducir to reduce [tu ridius]

reembolso refund [rifond]; (gastos) reimbursement [riemboersmaent]

contra reembolso cash on delivery [cash on divivaeri]

refresco cool drink [cul drinc], soft drink [soft drinc]

refrigeración refrigeration [rifrichaereishon]

refugio refuge [refiuch], shelter [sheltaer]

refugio de montaña mountain hut [mauntaen jot]

regadera (rain) shower [(rein) shauer]

regalo present (UK) [presaent], gift (US) [gift]

regatear to haggle [tu jagel]

régimen diet [daiet]

estoy a régimen I'm on a diet [aim on a daiet]

región region [richaen], area [eiria]

registrar to search [tu soerch]; (datos) to record [tu ricord]

registro register [rechistaer]; (inspección) search [soerch]

regla rule [rul]; (menstruación) period [pirioed]

tener la regla to have one's period [tu jav uans pirioed]

regresar to return [tu ritern], to come/go back [tu com/gou bac]

regular regular [regiulaer], normal [normael]

reina queen [cuin]

reino kingdom [kingdom]

reírse to laugh [tu laf]

relación relation [rileishaen]; (personal) relationship [rileishaenship]

relaciones públicas public relations [poblic rileishAENS]

relámpago lightning [laitning]

rellano (de escalera) landing [landing]

reloj clock [cloc]; (de pulsera) watch [uatch]

relojería watchmaker's (shop/store) [uatchmeiquers (shop/stor)]

remar to row [tu rou]

remite sender's name and address [sendAErs neim and adres]

remitente sender [sendAEr]

remo oar [or]

remolque trailer [treiler]

reparación repair(s) [ripeir(s)]

reparar to repair [tu ripeir]

repente (de) suddenly [sodAEnli]

repetir to repeat [tu ripit]
 ¿me lo puede repetir, por favor? could you repeat that, please? [cud iu ripit zat plis]

reposacabezas headrest [jedrest]

reposo rest [rest]

república republic [ripoblic]

repuesto spare [speir]
 de repuesto spare [speir]

resaca hangover [jangOUVAEr]
 tener resaca to have a hangover [tu jav a jangOUVAEr]

resbalar to slip [tu slip]

reserva reservation [resAErveishon], booking [buquin]

hacer una reserva to make a reservation/to book [tu meic a resAErveishon/ tu buk]

tener una reserva to have a reservation/booking [tu jav a resAErveishon/ buquin]

reservado, a reserved [riservt], booked [bukt]
 tenemos mesa reservada we have a table booked/reserved [güi jav a teibol bukt/riservt]

reservar to book [tu buk], to reserve [tu riserv]

diálogos

Quisiera reservar un billete para Roma, por favor. I'd like to book a ticket to Rome, please. [aid laik tu buk a tiquet tu roum plis]

¿Cuándo pensaba viajar? When did you want to travel? [güen did iu uant tu travAEl]

Quería salir el día 10 y volver el día 14, si es posible. I wanted to leave on the 10th and to come back on the 14th, if that's possible. [ai uanted tu liv on de tenz and tu com bac on the fortinz if zats posibol]

Tengo una habitación
reservada para esta
noche. I have a room
booked for tonight. [ai
jav a rum bukt for tunait]
¿Su nombre, por favor?
Your name, please? [ior
neim plis]
Mi nombre es... My
name is... [mai neim is]

resfriado, a to have a cold [tu
jav a could]
  resfriado cold [could]
resfriarse to get/catch a cold
[tu guet/catch a could]
residencia (domicilio) home
address [joum adres]; (de
estudiantes) halls of residence
[jols of residAENS]; (permiso para
extranjeros) resident's permit
[residAENts permit]
respaldo back [bac]
respeto respect [respect]
respirar to breathe [tu briz]
responder to answer [to
ansAEr], to reply [tu riplai]
  no contesta there's no reply
[zeirs no riplai]
respuesta answer [ansAEr],
reply [riplai]
resta subtraction
[sobtracshAEn]
restar to subtract
[tu sobtract]
restaurante restaurant
[restAEront]
resto rest [rest]

retrasarse to be (running) late
[tu bi (roening) leit]
retraso delay [dilei]
  ¿qué retraso lleva el vuelo?
how much of a delay is
there? [jau moch ov a dilei is zer]
  llegar con retraso to arrive
late [tu araiv leit]
retroceder to go back [tu gou
bac]
retrovisor rear–view mirror
[rier–viu mirAEr], driving
mirror [draivin mirAEr]
reunión meeting [mítin]
revelar (fotos) to develop [tu
divelop]
reventar (neumático) to burst
[tu boerst]
revés back [bac], wrong side
[rong said]
  al revés the wrong way
round [de rong uei raund]
  del revés back to
front/upside down/inside
out [bac tu front/opsaid daun
insaid aut]
revisar to check [tu chec]
revisor, a ticket inspector
[tiquet inspectAEr]
revista magazine [magasín]
rey king [king]
rezar to pray [tu prei]
ría estuary [estiuAEri]
rico, a rich [rich], wealthy
[uelzi]
riesgo risk [risc]
  a todo riesgo (seguro)
comprehensive
[comprejensiv]

rígido, a rigid [richid]; (normas, carácter) harsh [jarsh], severe [SAEVir]

rímel mascara [mascara]

rincón corner [cornaEr]

riñón kidney [kidni]

río river [rivaEr]

risa laughter [laftAEr]

rizado, a curly [coerli]

robar to steal [tu stil]

diálogos

¡Me han robado el bolso! My bag has been stolen! [mai bag jas bin stoulAEn]

¿Dónde ha sido? Where did it happen? [güer did it japen]

En el bar. In the lounge. [in de launch]

¿Vio a la persona que lo hizo? Did you see who did it? [did iu si ju did it]

No, me temo que no. No, I'm afraid I didn't. [no, aim afreid ai dident]

robo robbery [robaEri], theft [zeft]

roca rock [roc]

rocío dew [diu]

rodaja slice [slais]
en rodajas sliced [slaist]

rodear to surround [tu soeraund]; (dar la vuelta a) to go around [tu gou araund]

rodilla knee [ni]

rogar (pedir) to ask [tu ask]; (implorar) to beg [tu beg]
le ruego que... please,... [plis]

rojo, a red [red]

romper to break [tu breic]

roncar to snore [tu snor]

ropa clothes [clouzs]
ropa de cama bed linen [bed linen]
ropa interior underwear [ondergüer]
ropa sucia laundry [londri]

ropero wardrobe [uordroub]

rosa pink [pink]
rosa (flor) rose [rous]

roto, a broken [brouquen]

rotonda roundabout [raundabaut], traffic circle (US) [trafic sercol]

rotulador marker [marquer], felt-tip pen [felt-tip pen]

rótulo sign [sain]

roulotte caravan [caravan], trailer (US) [treiler]

rubio, a (persona) blonde, blond [blond]; (cerveza) lager [lagoer]

rueda wheel [güil]
rueda de recambio spare wheel [speir güil]
rueda delantera/trasera front/back wheel [front/bac güil]

rugbi rugby [rugbi]

ruido noise [nois]
hacen mucho ruido they make a lot of noise [zey meic a lot ov nois]

ruidoso, a noisy [noisi]

ruinas ruins [ruins]

ruleta roulette [rulet]
rulo roller [roulAEr], curler [coerlAEr]
rupestre: pintura rupestre cave painting [queiv peintin]
rural rural [rurAEl]
  casa de turismo rural country guesthouse [contri guestjaus]
ruta route [rut], way [uei]
  ruta pintoresca picturesque route [pictiuresc rut]

S

sábado Saturday [satAErdei]
sábana sheet [shiit]
  cambiar las sábanas to change the sheets [tu cheinch de shiits]
saber to know [tu nou]
  lo sé I know [ai nou]
  no lo sé I don't know [ai dount nou]
  saber a... to taste like... [tu teist laik]
  ¿sabe dónde está...? do you know where... is? [du iu nou güer... is]

diálogos

¿Sabe dónde puedo comprar prensa internacional? Do you know where I can buy foreign newspapers? [du iu nou güer ai can bai foren niuspeipAErs]

En el quiosco de la esquina venden periódicos internacionales. They sell foreign newpapers in the kiosk on the corner. [zey sel foren niuspeipAErs in de kiosc on de corner]

sabor taste [teist]
sabroso, a tasty [teisti]
sacacorchos corkscrew [corkscriu]
sacar to take out [to teic aut], to get out (US) [tu guet aut]
  sacar dinero del banco to withdraw money from the bank [tu wizdro moni from de banc]
  sacar una entrada to buy a ticket [tu bai a tiquet]
sacarina saccharine [sacarin]
saco: saco de dormir sleeping bag [slipin bag]
sagitario Sagittarius [sacheteirius]
sal salt [solt]
  sal de frutas liver/fruit salts [livAEr/frut solts]
  sales de baño bath salts [baz solts]
sala room [rum], hall [jol]
  sala de embarque departure lounge [dipartiur lounch]
  sala de espera waiting room [ueiting rum]
  sala de fiestas disco [disco]

salado, a savoury [seivori]; (en exceso) salty [solti]

saldo balance [balans]

saldos sales [seils]

salida exit [exit], way out [uei aut]

salida de emergencia emergency exit [imerchenci exit]

salida de incendios fire exit [faier exit]

salidas nacionales/ internacionales national/ international departures [nashonael/internashonael dipartiurs]

salina saltmine [soltmain]

salir to leave [tu liv]; (por la noche) to go out [tu gou aut]

¿a qué hora sale el tren? what time does the train leave? [uat taim dos de trein liv]

salón lounge [lounch]

saltar to jump [tu chomp]

salud health [jelz]

¡salud! (al estornudar) bless you! [bles iu]; (al brindar) cheers! [chirs]

saludar to greet [tu grit]

saludo greeting [griting]

salvavidas (bote) lifeboat [laifbout]; (chaleco) lifejacket [laifchaquet]

salvo except [ecsept]

salvo que unless [onles]

estar a salvo to be safe [tu bi seif]

salvoconducto safe-conduct [seif-condoct], pass [pas]

sandalia sandal [sandael]

sandía watermelon [uotaermelon]

sándwich sandwich [sanguich]

sangrar to bleed [tu blid]

sangre blood [blod]

salir sangre to be bleeding [tu bi bliding]

sano, a healthy [helzi]

sano y salvo safe and sound [seif and saund]

santo, a saint [seint]

santuario sanctuary [sanctiuari]; (religioso) shrine [shrein]

sarpullido rash [rash]

sartén frying pan [fraiyin pan]

sastre, a tailor (dressmaker) [teilor (dresmeiquer)]

satisfecho, a satisfied [satisfaid], pleased [plist]

sauna sauna [soena]

se (a sí mismo) himself [jimself]; (a sí misma) herself [jerself]; (a ti mismo, a) yourself [iorself]; (a nosotros, as mismos, as) yourselves [iorselvs]; (a ellos, as mismos, as) themselves [zemselvs]; (impersonal) oneself [uanself]

secador dryer [drayer]

secador de pelo hairdryer [jeirdrayer]

secadora tumble dryer [tombel drayer]

secar to dry [tu drai]

sección section [secshaen]; (grandes almacenes) department [dipartmaent]

seco, a dry [drai], dried [draid]
lavar en seco dry clean [drai clin]
secretario, a secretary [secroeteri]
sed: tengo sed I'm thirsty [aim zersti]
seda silk [silk]
seda natural pure silk [piur silk]
seguido, a consecutive [conseciutiv], in a row [in a rou]
en seguida immediately [imidiatli], straight away [streit auei]
seguir to follow [tu folou]
según according to [according tu]
segunda second [secaend]
segundo second [secaend]
seguridad security [seciuriti], safety [seifti]; (confianza) confidence [confidens]
seguridad en si misma self confidence [self confidens]
Seguridad Social Social Security [soshael seciuriti]
seguro, a safe [seif], secure [seciur]; (definitivo) sure [siur]
seguro insurance [insiurans]
seguro contra accidentes accident insurance [accidaent insiurans]
seguro de viaje travel insurance [travel insiurans]
seguro médico health insurance [jelz insiurans]

Para los residentes de la Unión Europea existe el **E111**, un seguro médico especial, que da derecho a todos los servicios de la seguridad social (urgencias, médicos, recetas médicas, etc.) en cualquier país de la unión. Se puede solicitar en cualquier ambulatorio y es recomendable viajar siempre con él.

selfservice self service restaurant [self servis restaeront]
sello stamp [stamp]
quiero un sello para España I want a stamp for Spain [ai uant a stamp for spein]
semáforo traffic lights [trafic laits]
semana week [uik]
Semana Santa Easter [istaer]
entre semana during the week [diurin de uik]
fin de semana weekend [uikend]
semanal weekly [uikli]
sencillo, a simple [simpol]; (billete, disco) single [singael]
senderismo trekking [treking]
sendero path [paz]
sensible sensitive [sensaetiv]
sentar (ropa) to suit [tu sut]
sentar bien/mal (comida) to agree/disagree with [tu agri/disagri wiz]
sentarse to sit down [tu sit daun]
¡siéntese! sit down! [sit daun]

¿puedo sentarme? may I sit down? [mei ai sit daun]

sentido sense [sens]; (significado) meaning [mining]

  perder el sentido to lose consciousness [tu lus conshosnes]

sentir to feel [tu fil]; (lamentar) to regret [tu rigret], to be sorry (about) [tu bi sori (abaut)]

  lo siento I'm sorry [aim sori]

señal signal [signAEl]

  señal de llamada dialling tone [dialing toun]

  señal de tráfico traffic sign [trafic sain]

señas (dirección) address [adres]

  hacer señas to signal [tu signAEl]

señor (caballero) gentleman [chentAElman], man [man]

  ¿qué desea el señor? what would you like, Sir? [uat güd iu laik sir]

señora lady [leidi]

  estimada señora Dear Madam [dier madam]

señorita young lady [iong leidi]

separar to separate [tu sepAEreit]

septiembre September [septEmber]

sepulcro tomb [tum]

sequía drought [draut]

ser to be [tu bi]

  es mi marido he's my husband [jiis mai josboend]

  hoy es domingo today is Sunday [tudei is sondei]

  somos cinco there are five of us [zer ar faiv ov us]

  soy de Barcelona I'm from Barcelona [aim from barselona]

  soy médico I'm a doctor [aim a doctAEr]

  ¿cuánto es? how much is it? [jau moch is it]

  ¿qué hora es? what time is it? [uat taim is it?]

diálogos

¿De dónde es? Where are you from? [güer ar iu from]
Soy de Nueva York, y usted? I'm from New York, and you? [aim from niu york and iu]
¿Qué día es hoy? What date is it today? [uat deit is it tudei]
Hoy es siete de septiembre. Today is the 7th of September. [tudei is de sevenz ov septembAEr]

serio, a serious [sirius]

serpiente snake [sneic]

servicio service [servis]; (lavabo) toilet (UK) [toilet], restroom (US) [restrum]

  ¿los servicios, por favor? the toilets, please? [de toilets plis]

¿**tienen servicio de lavandería?** do you have a laundry service? [du iu jav a londri servis]

servicio de habitaciones room service [rum servis]

servicio de urgencias casualty department [cashiulti dipartmAENt]

fuera de servicio out of order [aut ov ordAEr]

servilleta serviette [serviet], napkin [napkin]

servir to serve [tu serv]

sírvase usted mismo serve yourself [serv iorself]

sesión session [seshAEn]; (cine) showing [shouing]

seta wild mushroom [güaild moshrum]

seta venenosa toadstool [toudstul]

si if [if]

si no if not [if not], otherwise [ozeruais]

sí yes [ies]

siempre always [olueis]

siempre que whenever [güenever]

sien temple [tempAEl]

sierra mountains [mauntens]

siesta siesta [siesta], nap [nap]

dormir la siesta to have an afternoon nap [tu jav an aftAErnun nap]

siglo century [sentiuri]

significar to mean [tu min]

¿**qué significa esta palabra?** what does this word mean? [uat dos zis uerd min]

diálogos

Perdone, ¿qué significa esto/esta palabra? Sorry, what does this (word) mean? [sori uat dos zis (uord) min]
Significa (que)... It means (that)... [it mins (zat)]

siguiente next [next]

silencio silence [sailens]

¡**silencio, por favor!** silence, please! [sailens plis]

silla chair [cheir]

silla de ruedas wheelchair [güilcheir]

sillón armchair [armcheir]

simpático, a friendly [frendli], likeable [laikAEbol]

sin without [wizaut]

gasolina sin plomo unleaded petrol [led fri petroel]

sin embargo however [jauevAEr]

sincero, a sincere [sinsir], frank [franc]

sino but [bot]

síntoma symptom [simtom]

sitio (lugar) place [pleis]; (espacio) room [rum]

en algún/ningún sitio somewhere/nowhere [somgüer/nougüer]

guardar sitio to keep a place [tu kip a pleis]

situar (colocar) to place [tu pleis], to put [tu pot]; (localizar) to locate [tu loqueit], to find [tu faind]

sobrar (quedar) to be left over [tu bi left ovAEr]; (haber de más) to be more than enough/too many [tu bi mor zan inof/tu meni]

sobre on [on]

sobre (de carta) envelope [enveloup]

sobrino, a nephew (niece) [nefiu (nis)]

sobrio, a sober [soubAEr]

sociedad society [sosayeti]; (empresa) company [compAEni]

socio, a partner [partnAEr], associate [asousiAEt]; (de un club) member [membAEr]

socorrer to rescue [tu resciu]

socorro help [jelp]

pedir socorro to cry for help [tu crai for jelp]

sofá sofa [soufa], couch [cauch]

sofá cama sofa bed [soufa bed]

sofá nido studio couch [stiudio cauch]

sofoco suffocation [sofoqueishon], breathlessness [brezlesnes]; (de calor) hot flush [jot flosh]; (de vergüenza) embarrassment [embaraESmAEnt]

sol sun [son]

hace sol it's sunny [it's soni]

tomar el sol to sunbathe [tu sonbeiz]

solapa (de chaqueta) lapel [lAEpel]; (de libro, bolsillo) flap [flap]

solarium solarium [soleirium]

soldado soldier [soldier]

soleado, a sunny [soni]

solo, a alone [aloun], by oneself [bai uanself]; (triste) lonely [lounli]

sólo only [ounli], just [jost]

soltar to let go of [tu let gou ov]; (dejar libre) to release [rilis]

soltero, a single [singol]

solución solution [solushon]

solucionar to solve [tu solv]; (disputa) resolve [risolv]

sombra shade [sheid]; (proyectada por objeto) shadow [shadou]

a la sombra in the shade [in de sheid]

sombrero hat [jat]

sombrilla sunshade [sonsheid], parasol [parasol]

somnífero sleeping tablet/pill [slipin tablAEt/pil]

sonar to sound [tu saund]; (timbre) to ring [tu ring]

sonreír to smile [tu smail]

sonrisa smile [smail]

sordo, a deaf [def]

sorpresa surprise [sAErprais]

sorteo (rifa) raffle [rafAEl]; (lotería) draw [dro]

sortija ring [ring]

soso, a tasteless [teistles], bland [bland]

sótano basement [beismAENT]

squash squash [squash]

stop stop sign [stop sain]

su (de él) his [jis]; (de ella) her [jer]; (de cosa, animal) its [its]; (de ellos, as) their [zer]; (de usted, ustedes) your [ior]

suave soft [soft]; (clima, sabor) mild [maild]; (color, olor) delicate [deliquet]

subdirector, a assistant manager [asistant manachAER]

subida rise [rais], increase [incris]; (cuesta) slope [sloup], hill [jil]

subir (a piso, montaña) to go up [tu gou op]; (a avión, tren, barco) to get on [to guet on]; (a coche, taxi) to get into [tu guet intu]; (cuenta) to come to [tu com tu], to amount to [tu amaunt tu]

submarinismo diving [daiving], underwater exploration [onderuotAER explorEishon]

subtítulo subtitle [sobteitAEl]

suburbio poor suburb/area [pur soboerb/eiria]

suceder to happen [tu japen], to occur [tu okOer]

sucio, a dirty [derti]

sucre sucre [sucrei]

sucursal branch [branch]

sudar to sweat [tu suet]

suegro, a father-in-law (mother-in-law f) [fazAEr-in-lo (mozAEr-in-lo)]

suegros in-laws [in-los]

suelo floor [flor]; (exterior) ground [graund]

sueño (al soñar) dream [drim]; (ganas de dormir) sleepiness [slipines]

tener sueño to be sleepy [tu bi slipi]

suerte luck [loek]

por suerte luckily [loequeli]

¡buena suerte! good luck! [gud loek]

suéter sweater [suetAER], jumper [chompAER]

suficiente enough [inof]; (medida, esfuerzo) adequate [adequet]

suite suite [suit]

sujetador bra [bra]

sumar to add (up) [tu ad (op)]

súper great [greit], super [supAER]

gasolina súper four-star petrol (UK) [for star petroel], premium gas (US) [primium gas]

superior (categoría, calidad) higher [jaiyer], better [betAER]; (de arriba) upper [opAER]

el piso superior the flat above [de flat abov]

supermercado supermarket [supermarquet]

suplemento supplement [soplemAENT]; (recargo) extra charge [ecstra charch]

supositorio suppository [sopOsAEtri]

sur south [sauz]

sureste southeast [sauzist]

surf surfing [sAErfing]

suroeste southwest [sauzuest]

surtidor: surtidor de gasolina petrol pump [petroel pomp]

susto fright [frait], scare [squeir]

suyo, a (de él) his [jis]; (de ella) his [jis]; (de cosa, animal) its [its]; (de usted, ustedes) yours [iors]; (de ellos, as) theirs [zers]

T

tabaco tobacco [tAEbacou]

tabaco negro/rubio dark/Virginia tobacco [dark virchinia tAEbacou]

taberna tavern [tavAErn]

tabla board [bord]

tabla de surf surfboard [sAErfbord]

tabla de windsurf sailboard [seilbord]

tablón: tablón de anuncios notice board (UK) [noutis bord], bulletin board (US) [buletin bord]

taburete stool [stul]

tacón heel [jiil]

tal such [soech]

con tal (de) que provided that/as long as [provaidid zat/as long as]

¿qué tal? how is it going/how are you doing? [jau is it gouin/jau ar iu duing]

talco talc [talc]

polvos de talco talcum powder [talcom pauder]

talla size [sais]

En el Reino Unido e Irlanda el sistema de medir vigente es distinto del europeo, aunque en la mayoría de prendas se indican las tallas según ambos sistemas. Sin embargo, en EEUU no es habitual encontrar las tallas europeas marcadas en las prendas.

diálogos

Perdone, ¿tiene esto en una talla...? Excuse me, do you have this in a size... ? [ecscius mi du iu jav zis in a sais]

¡Lo siento, sólo nos quedan tallas sueltas. No, I'm sorry we only have odd sizes left. [no, aim sori, güi onli jav od saises left]

taller workshop [uerkshop]; (de coches) garage [garAEch]

talón (bancario) cheque (UK) [chec], check (US) [chec]; (del pie) heel [jill]

talonario chequebook (UK) [checbuk], checkbook (US) [checbuk]

tamaño size [sais]

también also [olsou], too [tu], as well [as güel]

  yo también me too [mi tu]

tampoco neither [naizAEr], not... either [not aizAEr]

  yo tampoco me neither [mi naizAEr]

tampón tampon [tampon]

tan so [sou]

  tan grande como éste as big as this one [as big as zis uan]

  tan pronto como as soon as [as sun as]

tándem (bicicleta) tandem

tanto, a (incontable) so much [sou moch], such a lot of [soch a lot ov]; (contable) so many [sou meni], such a lot of [soch a lot ov]

  tiene cuarenta y tantos he's forty something [jis forti somzin]

  por lo tanto therefore [zerfor], so [sou]

  tanto como as much/many as [as moch/meni as]

  ¡y tanto! most definitely! [moust definAEtli]

tapa lid [lid], cover [covAEr]

tapón (bañera, pica) plug [plog]; (botella) stopper [stoper]; (de corcho) cork [cork]

taquilla ticket office [tiquet ofis]

tarde late [leit]

  tarde (parte del día) afternoon [aftAErnun], evening [ivening]

  ayer por la tarde yesterday afternoon/evening [yestAErdei aftAErnun/ivening]

  esta tarde this afternoon/evening [zis aftAErnun/ivening]

  son las dos de la tarde it's two p.m. [its tu pi em]

  ¡buenas tardes! good afternoon/evening! [gud aftAErnun/ivening]

En inglés se usa la palabra **afternoon** para indicar la parte del día comprendida entre después de comer y las seis, si es más tarde se usa **evening**.

tarifa rate [reit], charge [charch]; (transportes) fare [feir]

  tarifa especial para estudiantes student rate [stiudent reit]

  tarifas reducidas reduced rates [riduist reits]

tarjeta card [card]

  tarjeta de metro underground/subway ticket [ondergraund/sobuei tiquet]

  tarjeta de crédito credit card [credit card]

  tarjeta de embarque boarding pass/card [bording pas/card]

  tarjeta telefónica phone card [foun card]

diálogos

Una tarjeta telefónica, por favor. A phone card, please. [a foun card plis]
¿De qué precio? What price? [uat preis]
De diez libras, por favor. Ten pounds, please. [ten paunds plis]

tauro Taurus [torus]
taxi taxi [taxi], cab (US) [cab]
¿me puede pedir un taxi? can you order me a taxi? [can iu ordAER mi a taxi]

 Además de las empresas de taxis, también existen taxistas autónomos. Los coches no llevan ningún indicativo, y suele pactarse el precio antes de iniciar el trayecto. A menudo tienen precios fijos para los destinos más habituales (aeropuerto, centro ciudad, estaciones de tren, etc.).

diálogos

Al aeropuerto/al centro/ por favor. To the airport/ city centre please. [tu de eirport/siti sentAER plis]
¿Cuánto es? How much is it? [jau moch is it]

Serán quince libras con cincuenta por favor. That's 15.50, please. [zats fiftin-fifti plis]
¿Cuánto costaría hasta...? How much is it to the...? [jau moch is it tu]
Sobre las... Around/ about... [araund/abaut]
Por aquí va bien, gracias. Here will do fine, thanks. [jir uil du fain zancs]

taxímetro taximeter [taximitAER]
taxista taxi driver [taxi draivAER], cabdriver (US) [cabdraiver]
taza cup [cop]
tazón mug [moeg]
te you [iu], yourself [iorsElf]
no te entiendo I don't understand you [ai dount onderstand iu]
siéntate sit down [sit daun]
teatro theatre [ziatAER]
techo (exterior) roof [ruf]; (interior) ceiling [siling]
tejado roof [ruf]
tejanos jeans [chins]
tejido material [matiriol], fabric [fabric]
tela material [matiriol], fabric [fabric]
telaraña cobweb [cobueb]
tele telly [teli], TV [tivi]
telearrastre ski-tow [squi-tou]

telecabina cable car [queibol car]

teleférico cable car [queibol car]

telefonear to phone [tu foun], to call [tu col], to ring [tu ring]

telefonista telephonist [telefonist]

teléfono phone [foun]

teléfono móvil mobile [moubail], cell phone [sel foun]

teléfono público public phone [poblic foun]

llamar por teléfono to call [tu col], to ring [tu ring], to phone [tu foun]

La mayoría de las cabinas telefónicas funcionan con tarjeta, sobre todo en las grandes ciudades. Las tarjetas telefónicas se venden en los **newsagents** y también en las oficinas de correos (**post office**).

diálogos

¿Puedo utilizar el teléfono, por favor? Could I use the phone please? [cud ai ius de foun plis]

Por supuesto, está allí. Certainly, it's over there. [sertAEnli its ouver zer]

Lo siento, no funciona. I'm sorry, it's out of order. [aim sori its aut ov ordAEr]

¿Le importa que haga una llamada local/ urbana? Would you mind if I made a local call? [güd iu maind if ai meid a loquel col]

telegrama telegram [telegram]

enviar un telegrama to send a telegram [tu send a tilegram]

telesilla chair lift [cheir lift]

televisión television [televishon], TV [tivi]

televisión por cable cable TV [queibol tivi]

televisión vía satélite satellite TV [satelait tivi]

televisor television (set) [televishon (set)]

temer to fear [tu fiyer], to be afraid [tu bi afreid]

temperatura temperature [tempratiur]

temperatura máxima/mínima maximum/minimum temperature [maximom/ minimom tempratiur]

templado, a warm [güorm]; (clima) temperate [temperAEt]

templo temple [tempol]

temporada season [sison]

temporada alta/baja high/low season [jai/lou sison]

temprano early [AErli]

tenedor fork [forc]

tener to have [tu jav]; (posesión) have got [jav got]

tengo 35 años I'm 35 years old [aim zirti faiv iers ould]

tengo calor/frío I'm hot/cold [aim jot/could]

tengo hambre/sed I'm hungry/thirsty [aim jongri/zersti]

tener que to have to [tu jav tu]

tenis tennis [tenis]

tensión (arterial) blood pressure [blod preshiur]

teñirse to dye one's hair [tu dai uans jeir]

tercera third [zerd]

terminal (de aviones, autobuses) terminal [terminal]

terminarse to finish [tu finish]; (agotar) to run out [tu ron aut]

termo thermos (flask) [zermos (flask)], flask [flask]

termómetro thermometer [zermometAer]

ternera (animal) calf [caaf]; (carne) veal [viil]

terraza terrace [terAES]; (de bar) pavement café [peivmAent café]; (balcón) balcony [balconi]

tetera teapot [tipot]

tetrabrik carton [cartAen]

ti you [iu]

tibio, a tepid [tepid], lukewarm [lukgüorm]

tiempo (hora) time [taim]; (clima) weather [uezAEr]

tiempo libre free time [fri taim]

a tiempo in time [in taim]

hacer buen/mal tiempo it's good/bad weather [its gud/bad uezAEr]

diálogos

¿Qué tiempo hace por allí? What's the weather like over there? [uats de uezAEr laik ouver zer]

Hace bastante calor/frío/buen tiempo/mal tiempo. It's quite hot/cold/good/bad. [its cuait jot/could/gud/bad]

¿Cuál es la previsión (del tiempo) para el fin de semana? What's the forecast for the weekend? [uats de forcast for de uikend]

tienda shop (UK) [shop], store (US) [stor]

tienda de campaña tent [tent]

tienda de regalos giftshop [giftshop]

ir de tiendas to go shopping [tu gou shoping]

tierra earth [erz]

tijera scissors [sisAErs]

timar to do (someone) [tu du (somuan)]

timbre bell [bel]

tocar el timbre to ring the bell [tu ring de bel]

timo hoax [joucs], swindel [suindoel], trick [tric]

tintorería dry cleaner's [drai clinAErs]

tío, a uncle (aunt) [onquel (aant)]

135

tipo type [taip], kind [kaind], sort [sort]

tirar to pull [tu poel]; (lanzar) to throw [tu zrou]; (desechar) to throw away [tu zrou auei]

tirita plaster (UK) [plastAer], Band-Aid (US) [band-eid]

titular holder [jouldAer]

toalla towel [tauel]

tobillo ankle [anquel]

tocar to touch [tu toch]

todavía (aún) still [stil]; (en negación) still [stil], yet [iet]

todavía no not yet [not iet]

todo, a all [ol]

de todas formas anyway [eniuei], in any case [in eni queis]

sobre todo especially [espeshiali], above all [abov ol]

todo el mundo everybody [evribodi], everyone [evriuan]

todos los días everyday [evridei]

tomar to have [to jav], to take [tu teic]; (comida/bebida) to have something to eat/ drink [tu jav somzin tu it/ drinc]

tomar el sol to sunbathe [tu sonbeiz]

¿dónde se toma el autobús? Where I get the bus? [güer du ai guet de bos]

tomate tomato [tomatou]

tonto, a silly [sili], stupid [stiupid]

topless topless [toplAes]

torcer to twist [tu tuist], to sprain [tu sprein]; (girar) to turn [tu tern] .

torcer a la derecha turn right [tern rait]

tormenta storm [storm]

tornillo screw [scru]

torre tower [tauer]

torre de control control tower [controul tauer]

torrente torrent [toraent], stream [strim]

tos cough [cof]

tener tos to have a cough [tu jav a cof]

toser to cough [tu cof]

total total [toutAel]

en total altogether [oltugezAer] in all [in ol]

tóxico, a toxic [toxic], poisonous [poisAenaes]

trabajador, a worker [uerquer]

trabajar to work [tu uerc]

trabajo work [uerc]

tradición tradition [tradishon]

traducir to translate [tu transleit]

traer to bring [tu bring]

tráfico traffic [trafic]

traje suit [sut]

traje de baño (de hombre) swimming trunks [suiming troncs]; (de mujer) swimsuit [suimsut]

traje de noche evening dress [ivening dres]

transbordador ferry [ferri]

transbordo transfer [transfAer]

hacer transbordo to change [tu cheinch]

transferencia transfer
[transfAER]

transporte transport [transport]

tranvía tram [tram], streetcar
(US) [stritcar]

trasero, a back [bac], rear [rier]

tratar to treat [tu trit]; (libro,
película) to be about [tu bi
abaut]; (intentar) to try [tu trai]

trayecto (viaje) journey
[shAErni], trip [trip]; (ruta) route
[rut]

tren train [trein]

  tren de alta velocidad high
  speed train [jai spid trein]

  tren de cercanías suburban
  train [sobAErboen trein]

  tren directo through train
  [zru trein]

  tren expreso express train
  [expres trein]

diálogos

Perdone, ¿éste es el tren
para.....? Excuse me, is
this the train for....?
[ecscius mi is zis de trein for]
No, tiene que ir al andén
número cinco. No, you
want platform 5. [no iu
uant platform faiv]
¿A qué hora sale el
próximo tren para...?
What time is the next
train to...? [uat taim is de
next trein tu]

A las dos de la tarde. At
2.30 p.m. [at tu zirti pi em]
¿Y cuánto tarda en
llegar? And how long
does it take? [and jau long
dos it teic]
Es un expreso, y sólo
tarda dos horas. It's an
express train, so it only
takes 2 hours. [its an
expres trein sou it onli teics tu
auers]

trípode tripod [traipod]

tripulación crew [cru]

trolebús trolley bus [troli bos]

tropezar to trip [tu trip], to
stumble [tu stombAEl]

trozo piece (of) [pis ov]

trueno thunder [zondAEr]

tu your [ior]

  tú you [iu]

tubería pipe [paip]

tubo tube [tiub], pipe [paip]

  tubo de escape exhaust
  (pipe) [ecsost (paip)]

tulipán tulip [tiulip]

tumbona sun lounger [son
launchAEr], deckchair [dekcheir]

túnel tunnel [tonAEl]

turismo tourism [turism]

turista tourist [turist]

turno turn [tern], round
[raund]; (trabajo) shift [shift]

  es mi turno it's my
  turn/round [its mai tern/raund]

  de turno (farmacia) on duty
  [on diuti]

tutear to be on familiar terms [tu bi on familier terms]

tuyo, a yours [iors]

 En inglés no existe la forma «usted», y por lo tanto el verbo «tutear» tampoco. Siempre se utiliza la forma **you**. La diferencia entre el trato formal y el familiar se marca con el tiempo verbal o el tipo de lenguaje.

U

último, a last [last]; (reciente) latest [leitest]

¿quién es el último? who's the last in the queue? [jus de last in de ciu]

único, a unique [iunic]

uña nail [neil]

urbanización housing estate [jausing esteit]

urbano, a urban [oerban], city [siti]

urbano, a (agente) traffic warden [trafic güordAEN]

urgencias casualty (department) [cashuolti (dipartmAEnt)]

urgente urgent [oerchAEnt]

usar to use [tu ius]

¿puedo usar el ascensor? can I use the lift? [can ai ius de lift]

usted you [iu]

útil useful [iusfol], handy [jandi]

uva grape [greip]

V

vacaciones holiday (UK) [jolidei], vacation (US) [veiquEishon]

estar de vacaciones to be on holiday/vacation [tu bi on jolidei/veiquEishon]

vacío, a empty [emti]

vacuna vaccination [vaxinEishon]

vagón (de pasajeros) carriage [carich]; (de mercancías) wagon [uagAEn]

vagón de primera/de segunda first/second-class carriage [ferst/secAEnd clas carich]

vagón restaurante restaurant/dining car [restAEront/daining car]

vajilla dishes [dishes], crockery [croqueri]

valer to be worth [tu bi uerz], to cost [tu cost]

¿cuánto vale? how much does it cost? [jau moch dos it cost?]

¡vale! okay/all right! [ouquEi/ol rait]

¿vale? okay/all right? [ouquEi/ol rait]

valle valley [vali]

valor value [valiu]

vaqueros jeans [chins]

varios, as several [sevrAEl]

vaso glass [glas]

¿me da un vaso de agua?

can I have a glass of water, please? [can ai jav a glas ov uotAEr plis]

váter toilet (UK) [toilet], restroom (US) [restrum],

vecino, a neighbour [neibAEr]

vegetariano, a vegetarian [vechetAErien]

vehículo vehicle [viacol]

vela candle [candAEl]; (de navegar) sail [seil]; (deporte) sailing [seiling]

velero sailing boat [seiling bout]

velocidad speed [spíd]

venda bandage [bandich]

vender to sell [tu sel]

venir to come [tu com]
¡**venga**! come on! [com on]

venta sale [seil]

ventana window [güindou]
una ventana con vistas a... a window overlooking... [a güindou overluking]

ventanilla ticket office [tiquet ofis]
¿**puede abrir/cerrar la ventanilla?** could you open/close the window? [cud iu oupen/clous de güindou]

ventilador fan [fan]

ver to see [tu si]; (televisión, espectáculo) to watch [tu güatch]
a ver let's see [lets si]

veranear to spend the summer (holiday) [tu spend de somer (jolidei)]

verano summer [somer]

verdad truth [truz]

de verdad (realmente) really [rili]; (en serio) seriously [siriusli]

verde green [grín]

vereda pavement (UK) [peivmAEnt], sidewalk (US) [saidgüoc]

vestíbulo (de casa) hall [jol]; (de hotel, oficina) lobby [lobi], foyer [foye]

vestir to dress [tu dres]

vestuario fitting room [fiting rum], changing room [cheinching rum]

vez time [taim]
a veces sometimes [somtaims]
en vez de instead of [insted ov]
una vez once [uons]

vía (calle) road [roud]; (andén) platform [platform]; (raíl) track [trac]
vía aérea by air [bai eir]
vía oral orally [orali]

viajar to travel [tu travAEl]

viaje journey [choerni], trip [trip]
¡**buen viaje!** have a good trip! [jav a gud trip]
viaje de ida y vuelta return (UK) [ritAErn], round trip (US) [raundtrip]
viaje de ida/de vuelta one-way ticket [uan-uei tiquet]
viaje de novios honeymoon [jonimun]

vida life [laif]

vídeo video [video]

videocámara video camera [video camera], camcorder [camcordAEr]

Vi

viejo, a old [ould]
viento wind [uind]
  hace viento it's windy [its uindi]
viernes Friday [fraidei]
vinagre vinegar [vinoegAER]
vinagreras cruet stand [cruet stand]
virgo Virgo [vergou]
virus virus [vairos]
visado visa [visa]
visera visor [vaisAER]
visita visit [visit]
  visita con guía a guided tour [a gaided tur]
visitante visitor [visitAER]
visitar to visit [tu visit]
vista view [viu]
  ¡hasta la vista! see you! [si iu]
visto, a seen [sin], considered [considAErd]
viudo, a widower (widow) [güidouAER (güidou)]
viva cheer [chir]
vivir to live [tu liv]
  vivo en Granada I live in Granada [ai liv in granada]

diálogos

¿Dónde vive? Where do you live? [güer du iu liv]
Vivo por el centro, a unos diez minutos de aquí. I live in the city centre, about ten minutes from here. [ai liv in de siti sentAER abaut ten minits from jir]

¿Vive aquí? Do you live here? [du iu liv jir]
No, soy de Barcelona, sólo estoy aquí de vacaciones. No, I'm from Barcelona, I'm just here on holiday. [no aim from barselona aim chost jir on jolidei]

volar to fly [tu flai]
volcán volcano [volquEinou]
volumen volume [volium]
volver to return [tu ritAErn], to come/go back [tu com/gou bac]
  volver a intentarlo to try again [tu trai aguein]
  volveremos a las ocho we'll be back at eight [güil bi bac at eit]
vomitar to vomit [tu vomit], to be sick [tu bi sic]
vosotros, as you [iu]
voz voice [vois]
vuelo flight [flait]
  vuelo chárter/regular charter/scheduled flight [chartAER/skediult flait]

diálogos

¿A qué hora sale el próximo vuelo a París? What time is the next flight to Paris? [uat taim is de next flait tu paris]

> Todos los vuelos a París hoy están completos. All the flights to Paris for today are fully booked. [ol de flaits tu paris for tudei ar fuli bukt]
> ¿Es un vuelo directo? Is it a direct flight? [is it a direct flait]
> No, hace escala en Madrid. No, you have a stopover in Madrid. [no iu jav a stopouver in madrid]

vuelta turn [tern]; (regreso) return [ritaern]
  a la vuelta on the way back [on de uei bac]
  dar una vuelta to go for a walk [tu gou for a güoc]
vuelto change [cheinch]
vuestro, a your [ior], yours [iors]

W

walkman walkman [güocman]
windsurf windsurfing [uinserfing]

Y

y and [and]
ya (pasado) already [olredi]; (presente) now [nau], at once [at uons]
  ya está there you are [zer iu ar]
  ya que since [sins]
yacimiento (arqueológico) site [sait]
yate yacht [iot]
yo I [ai], me [mi]

Z

zanahoria carrot [caroet]
zapatería shoe shop (UK) [shu shop], shoe store (US) [shu stor]
zapatero, a cobbler [coblaer], shoemaker [shumeiquer]
zapatilla (de casa) slipper [slipaer]; (de baile, de verano) pump [pomp]
  zapatillas deportivas sports shoes [sports shus] trainers [treiners]
zapato shoe [shu]
zona area [eiria], zone [zoun]
  zona azul restricted parking zone [restrictaed parquin zoun]
zoológico zoo [tzu]
zueco clog [clog]
zumo juice [shus]

Zu

Inglés

→

Español

A

abdomen [abdomAEN] abdomen

above [abov] encima; arriba

accelerate [accelereit] acelerar

accelerator [accelereitor] acelerador

accent [accent] acento

accept [acsept] aceptar

access [acces] acceso

accident [accident] accidente

  a car accident [a car accident] accidente de coche

  to have an accident [tu jav an accident] tener un accidente

accomodation [acomodeishon] alojamiento

accompany [acompani] acompañar (a alguien)

according to [acording tu] según

account [acaunt] (bancaria) cuenta

ache [eic] dolor

acidic [acidic] ácido(a)

acidity [aciditi] acidez

actor [actor] actor

actress [actris] actriz

adaptor [adaptor] (de enchufe) adaptador

address [adres] (de casa) dirección, señas

  what's your address? [uats ior adres] ¿cuál es su dirección?

addressee [adresi] destinatario(a)

adequate [adequet] (medidas, esfuerzo) suficiente

adhesive [adjisiv] adhesivo(a)

admit [admit] admitir

adopt [adopt] adoptar

adult [adolt] adulto(a)

advertising [advertaising] publicidad

advise [advais] aconsejar

aerial [eirial] aéreo(a)

after [aftAEr] después, luego

  after breakfast [aftAEr brekfAEst] después del desayuno

  it's after the chemist's [its aftAEr de quemists] está después de la farmacia

afternoon [aftAErnun] tarde

  this afternoon [zis aftAErnun] esta tarde

  afternoon snack [aftAErnun snac] merienda

  afternoon tea [aftAErnun ti] merienda

  good afternoon! [gud aftAErnun] ¡buenas tardes!

against [agenst] contra

age [eich] edad

agency [eichenci] agencia

agenda [achenda] (de trabajo) agenda

agree [agri] estar de acuerdo

agreement [agriment] acuerdo

ahead [ajed] (en espacio) adelante

air [eir] aire

  air conditioning [eir condishonin] aire acondicionado

  air hostess [eir joustes] azafata

  air traffic [eir trafic] tráfico aéreo

air traffic controller [eir trafic controuler] controlador aéreo

air-conditioned [eir-condishond] climatizado(a)

airlines [eirlains] aerolínea

airport [eirport] aeropuerto

aisle [ail] (en avión, tren, cine) pasillo

aisle seat [ail siit] asiento al lado del pasillo

alarm [alarm] alarma

alarm clock [alarm cloc] despertador

alcohol [alcojol] alcohol

no alcohol allowed [no alcojol alaud] prohibida la entrada de bebidas alcohólicas

all [ol] todo(a)

allergic [alerchic] alérgico(a)

allow [alau] permitir

almost [olmoust] casi

alone [aloun] solo(a)

already [olredi] ya

also [olsou] también

always [olueis] siempre

ambulance [ambiulans] ambulancia

America [amaerica] América

North/South America [norz/sauz amaerica] América del Norte/del Sur

American [amaerican] americano(a)

amusing [amiusin] divertido(a)

and [and] y

ankle [anquel] tobillo

another [anozaer] otro(a)

answer [anser] contestar, responder

answer [ansaer] respuesta

answering machine [anserin mashin] contestador

ant [ant] hormiga

apartment [apartment] apartamento

aperitif [aperitif] (bebida) aperitivo

apologize [apolochais] disculparse

apple [apael] manzana

appointment [apointmaent] cita

by appointment only [bai apointment ounli] sólo a horas concertadas

apricot [eipricot] albaricoque

April [eipril] abril

aquarium [aquerium] acuario

Aquarius [aquerius] acuario

Arabian [areibian] árabe

archipelago [archipelago] archipiélago

area [eiria] barrio, distrito, región

arena [arina] (de toros) arena

Aries [eiris] aries

arm [arm] brazo

armchair [armsheir] butaca, sillón

armpit [armpit] axila

around [araund] alrededor; (tiempo) sobre

arrivals [araivols] llegadas

arrivals lounge [araivols launch] sala de llegadas

arrive [araiv] llegar

artichoke [artichouc] alcachofa

as [as] tan

as soon as [as sun as] tan
pronto como
as well [as güel] también
ashtray [ashtrei] cenicero
aside [asaid] aparte
ask [ask] preguntar
asparagus [asparagAES]
espárrago
aspirin [asprin] aspirina
assistance [asistans] auxilio
assistance [asistans] ayuda
assistant [asistant] ayudante
assistant manager [asistant
manachAEr] subdirector(a)
associate [asousiAEt] socio(a)
at [at] a, en
at reception [at risepshon] en
recepción
at seven o'clock [at seven
oucloc] a las siete
at once [at uons] en seguida
athletics [azletics] atletismo
attorney [atAErni] abogado(a)
aubergine [obershin] berenjena
audience [odiens] público
August [ogust] agosto
aunt [aant] tía
Australia [ostreilia] Australia
Australian [ostreilian]
australiano(a)
automobile [automobil]
automóvil
autumn [otum] otoño
avalanche [avalanch] alud
avenue [aveniu] avenida
average [averich] media,
mediano(a)
awake [agüeic] despierto(a)

B

baby [beibi] bebé
baby's bottle [beibis botAEl]
biberón
babysitter [beibisiter] (para niños)
canguro
back [bac] espalda; (de asiento)
respaldo
back [bac] posterior,
trasero(a)
backpack [bacpac] mochila
bad [bad] mal, malo(a)
bag [bag] bolsa; (de mujer)
bolso
do not leave bags
unattended [du not liv bags
onatended] (en el aeropuerto,
estación de tren) ¡vigile su
equipaje!
baggage [bagich] equipaje
baggage reclaim [bagich
ricleim] reclamación de
equipaje
bakery [beiqueri] panadería
balance [balans] saldo
balcony [balconi] balcón,
terraza
ball [bol] pelota
banana [banana] plátano
bandage [bandich] venda
Band-Aid [band-eid] tirita,
esparadrapo
bank [banc] (dinero) banco
bankbook [bancbuk] (de banco)
libreta
bar [bar] bar
barracks [baracs] cuartel

basement [beismAent] sótano
basketball [basquetbol] baloncesto
bat [bat] (de frontón, ping-pong) pala
bath [baz] bañera
bathroom [bazrum] aseos
battery [bateri] pila, batería
  alkaline/rechargable battery [alcalein/richarchebol bateri] pila alcalina/recargable
bay [bei] bahía, golfo
bazaar [basaar] bazar
be [bi] ser, estar
beach [bich] playa
beak [bic] (de ave) pico
bean [bin] (de café) grano; (legumbre) judía
beautiful [biutifol] hermoso(a)
because [bicos] porque
bed [bed] cama
  a double bed [a dobel bed] cama de matrimonio
  a single bed [a singAel bed] cama individual
  bed and breakfast [bed and brekfAest] alojamiento y desayuno
  bed linen [bed linen] ropa de cama
bedroom [bedrum] dormitorio
bedspread [bedspred] colcha
bee [bi] abeja
beer [bir] cerveza
  beer mat [bir mat] posavasos
before [bifor] antes
beginning [beguining] principio

at the beginning [at de beguining] al principio
at the beginning of [at de beguining ov] a principios de
behind [bijaind] (posición) atrás, detrás (de)
beige [beige] beige
believe [biliv] creer
bell [bel] timbre, campana
  bell tower [bel tauer] campanario
bellboy [belboi] botones
bellhop [beljop] botones
belly [beli] barriga
below [bilou] abajo
belt [belt] cinturón
bench [bench] (asiento) banco
bend [bend] curva
  dangerous bend ahead [deincheros bend ajed] curva peligrosa
bermudas [bermiudas] bermudas
berth [berth] (de barco) litera
beside [bisaid] junto
better [betAer] mejor
beware: beware of the dog! [bigüer ov de dog] ¡cuidado con el perro!
bicycle [baisicol] bicicleta
big [big] grande
bikini [biquini] biquini
bill [bil] cuenta, nota, factura
billiards [bilierds] billar
bin [bin] papelera
binoculars [binociulers] gemelos, prismáticos
bird [bAerd] ave, pájaro
birth [berth] nacimiento

birthday [berzdei] cumpleaños
  Happy Birthday! [japi berzdei] ¡feliz cumpleaños!
biscuit [biskit] galleta
bitch [bitch] perra
bite [bait] mordedura, mordisco; (de insecto) picadura
bite [bait] morder; (insecto) picar
bitter [bitAer] amargo(a)
black [blac] negro(a)
blade [bleid] cuchilla
blame [bleim] culpa
bland [bland] (comida) soso(a)
blanket [blanquet] manta
bleed [blid] sangrar
blind [blaind] ciego(a)
blister [blistAer] ampolla
block [bloc] manzana, cuadra
  two blocks from here [tu blocs from jir] a dos manzanas
blond [blond] (persona) rubio(a)
blood [blod] sangre
  blood group [blod grup] grupo sanguíneo
  blood pressure [blod preshiur] tensión (arterial)
blow [blou] golpe
blue [blu] azul
board [bord] tabla
  bulletin/notice board [buletin/noutis bord] tablón de anuncios
boarding [bordin] embarque
  boarding card/pass [bordin card/pas] tarjeta de embarque
  ...now boarding at gate 23 [nau bording at geit tuenti-zri]

...embarque por la puerta 23
boat [bout] (grande) barco, embarcación; (pequeño) bote, lancha
body [bodi] cuerpo
boil [boiel] hervir
bone [boun] hueso; (de pez) espina
book [buk] libro
  book [buk] reservar
booked [bukt] reservado(a)
booking [buquin] reserva
bookshelf [bukshelf] librería
bookshop [bukshop] librería
boot [but] maletero; (calzado) bota
border [bordAer] frontera
bored [bord] (personas) aburrido(a)
  I'm bored [aim bord] estoy aburrido
boring [borin] (cosa) aburrido(a)
boss [bos] jefe(a)
both [bouz] ambos(as)
bother [bozAer] molestar
  bother [bozAer] molestia
bottle [botAel] botella
bottled [botAeld] embotellado(a)
bottle-opener [botAel-oupener] abrebotellas
bottom [botoem] fondo; (de persona) culo
bouquet [bouquei] ramo
bouy [boi] boya
bow [bou] lazo
bowling [boulin] bolos

bowling alley [boulin ali] bolera
box [box] caja; (en teatro) palco
boxing [boxin] boxeo
boy [boy] niño
boyfriend [boifrend] (sentimental) novio; (amistad) amigo
bra [bra] sujetador
bracelet [breislʌet] pulsera
brake [tu breic] frenar
brake [breic] freno
branch [branch] delegación, sucursal; (de árbol) rama
brand [brand] marca
bread [bred] pan
toasted bread [tousted bred] pan tostado
white/wholemeal bread [uait/joulmil bred] pan blanco/integral
breadroll [bredroul] panecillo
break [breic] romper
breakdown [breicdaun] (coche) avería
breakdown-truck [breicdaun troc] grúa
breakfast [brekfʌest] desayuno
breast [brest] (de mujer) pecho
breathe [briz] respirar
breathlessness [brezlesnes] sofoco
bridge [bridch] puente
briefcase [brifqueis] maletín
briefs [brifs] slip
bring [bring] traer
British [british] británico(a)
broken [brouquen] roto(a)
brother [brozʌer] hermano
brother-in-law [brozʌer-in-lo] cuñado

brush [brosh] cepillo
bucket [boquet] cubo
budget [botshet] presupuesto
buffet [bofei] bufé
open buffet [oupen bofei] bufé libre
building [bildin] edificio
bumper [bomper] parachoques
bunch [boench] ramo
bungalow [bungalou] bungaló
bunk-bed [bonc-bed] litera
burn [boern] quemadura
burst [boerst] (neumático) reventar
bus [bos] autobús
bus pass [bos pas] bonobús
business [bisness] negocio
but [bot] pero, sino
butcher's [bochers] carnicería
buttock [boetoc] nalga
buy [bai] comprar
by [bai] por, mediante
by oneself [bai uanself] solo(a)
bye [bai] adiós

C

cab [cab] taxi
cabbage [cabech] col
cabdriver [cabdraiver] taxista
cabin [cabin] cabaña; (en barco) camarote
cable car [queibel car] (por tierra) funicular; (por aire) teleférico, telecabina
cafe [cafe] cafetería
cagoule [cagul] chubasquero
cake [queic] pastel

cake shop [queic shop]
pastelería
calculator [calciuleitor]
calculadora
calender [calendAER] calendario
call [col] llamada
 local call [loquel col] llamada
 urbana
 long-distance call [long-distens
 col] llamada interurbana
 reverse-charge call
 [revers-charch col] llamada a
 cobro revertido
 to make a phone call [to meic a
 foun col] hacer una llamada
camcorder [camcordAER]
videocámara
camera [camra] cámara
camp [camp] acampar
campsite [campsait] cámping
can [can] lata
 can [can] poder
Canada [canada] Canadá
Canadian [caneidian]
canadiense
canal [canal] (de agua) canal
cancel [tu cansel] anular,
cancelar
cancer [cancer] (enfermedad)
cáncer
Cancer [cancer] (horóscopo)
cáncer
candle [candAEl] vela
cane [quein] caña
cannon [canon] cañón
canoeing [canuing] piragüismo
canyon [canyon] (geografía)
cañón
cap [cap] gorra, gorro

cape [keip] cabo
capital [capitAEl] capital
Capricorn [capricorn]
capricornio
car [car] coche, auto, carro
 by car [bai car] en coche
caravan [caravan] roulotte
card [card] carné, cartilla,
 tarjeta
 credit card [credit card] tarjeta
 de crédito
 Social Security Card [soshAEl
 seciuriti card] cartilla de la
 Seguridad Social
care [queir] cuidado
caretaker [keirteiquer] conserje,
 portero(a)
carnation [carneishon] clavel
carnival [carnevAEl] carnaval
carpark [carparc] aparcamiento
carpentry [carpentri]
carpintería
carriage [carich] vagón
 first/second-class carriage
 [ferst/secAend clas carich] vagón
 de primera/de segunda
carrot [caroet] zanahoria
carry [cari] llevar
carton [cartAEn] tetrabrik
carve [carv] (en madera) grabar
case [queis] maleta
 **in the case of a fire/an
 emergency...** [in ze queis ov a
 faier/imergenci] en caso de
 incendio/emergencia...
cash [cash] en efectivo, al
 contado
 cash dispenser [cash
 dispensAer] cajero automático

cashdesk [kashdesc] caja
cashier [cashir] cajero(a)
cassette [caset] cinta, casete
casette recorder [caset ricorder] casete
Castilian [castilian] castellano(a)
castle [CASAEl] castillo
casualty [cashiulti] emergencias, urgencias
cat [cat] gato(a)
cathedral [cazidrol] catedral
catholic [cazolic] católico(a)
cauliflower [coliflauer] coliflor
cave [queiv] caverna, cueva
cave painting [queiv peinting] pintura rupestre
cavern [CAVAErn] caverna
ceiling [siling] techo
cemetery [semetri] cementerio
cent [sent] (moneda) céntimo
Centigrade [sentigreid] centígrado
centimetre [sentimiter] centímetro
centre [sentAEr] centro
century [sentiuri] siglo
ceramics [seramiks] cerámica
certain [serten] cierto(a)
certainly! [sertenli] ¡por supuesto!
chain [chein] cadena
chair [cheir] silla
chair lift [cheir lift] telesilla
chamber [cheimber] cámara
Chamber of Commerce [cheimber of comers] Cámara de Comercio

chancellor [chanselor] canciller
change [cheinch] cambiar
change [cheinch] cambio, vuelto
changing: changing room [cheinching rum] probador, vestuario
channel [chanAEl] canal
Channel Tunnel [chanAEl tunAEl] eurotúnel
chapel [chapAEl] capilla
chard [shard] acelga
charge [charch] (precio) cobrar
charge [charch] tarifa
charter: charter flight [charter flait] vuelo chárter
chauffeur [shoufer] (particular) chofer, chófer
cheap [chíp] barato(a)
check [chec] cheque, talón
cheques accepted [checs acsepted] se admiten cheques
check [chec] revisar, comprobar
check your change before you leave! [chec ior cheinch bifor iu liv] ¡compruebe su cambio antes de salir!
checkbook [checbuk] chequera, talonario
check in [chec in] facturar
checkout [checaut] (en tiendas) caja
checkroom [checrum] guardarropa
cheek [chik] mejilla
cheer [chir] viva
cheerful [chirful] (persona) alegre

cheese [chiis] queso
chemist [quemist] farmacéutico(a)
chemist's [quemists] farmacia
 duty chemist's [diuti quemists] farmacia de guardia
cheque [chec] cheque, talón
 cheques accepted [checs acsepted] se aceptan/admiten cheques
chequebook [checbuk] talonario
cherry [cheri] cereza
chest [chest] baúl; (de persona) pecho
chicken [chiquen] pollo
children [childraen] niños
 no children allowed (after 6 p.m.) [no childraen alaud (aftaer six pi em)] prohibida la entrada de niños (después de las 6 de la tarde)
children's [childraens] (antes del sustantivo) infantil
chilli: chilli pepper [chili pepaer] guindilla
chin [chin] mentón
china [chaina] porcelana
choke [chouc] estárter
choose [chuus] elegir, escoger
christian [cristien] cristiano(a)
Christmas [crismas] Navidad
church [cherch] iglesia
cigar [sigar] (habano) cigarro, puro
cigarette [sigaret] cigarrillo, cigarro
cinema [sinema] cine
circulate [circiuleit] circular

circulation [cerciuleishon] circulación
circus [sercoes] circo
city [siti] ciudad
 city centre [siti sentaer] centro de la ciudad
claim [cleim] reclamación, demanda
claim [cleim] reclamar
class [clas] clase
clean [clin] limpiar
clean [clin] limpio(a)
cleaning [clinin] limpieza
 cleaning service [clinin servis] servicio de limpieza
clear [clir] claro(a)
cliff [clif] acantilado
clinic [clinic] clínica, dispensario
cloakroom [cloucrum] guardarropa
clock [cloc] reloj
clog [clog] zueco
close [clous] cerca
 close [clous] cerrar
closed [cloust] cerrado(a)
 closed for renovations [cloust for renoveishons] cerrado por reformas
clothes [clouzs] ropa
cloud [cloud] nube
cloudy [cloudy] nublado(a)
club [cloeb] (lugar, organización) club; (de golf) palo
 club class [cloeb clas] (avión) clase preferente
clutch [clotch] embrague
coach [couch] autocar
coast [coust] costa, cornisa

coaster [couster] posavasos
coastguard [coustgard] guardacostas
coat [cout] abrigo
coathanger [coutjanguer] percha
coatstand [coutstand] perchero
cobbler [coblAer] zapatero(a)
cobweb [cobueb] telaraña
cock [cok] gallo
cockroach [cocrouch] cucaracha
code [coud] código
 dialling code [dailing coud] prefijo
 postal code [poustal coud] código postal
coffee [cofi] café
coffee-maker [cofi-meiquer] cafetera
coffee-pot [cofi-pot] cafetera
coin [coin] moneda
coincidence [couinsedens] casualidad
cold [could] catarro, resfriado, (clima) frío
 it's cold [its could] hace frío
colleague [colig] (de trabajo) compañero(a)
collect [colect] recoger
collector [colectAer] cobrador(a)
colour [colAer] color
column [colAEm] columna
comb [coum] peine
come [com] venir
come back [com bac] regresar, volver
comfortable [comftabol] cómodo(a)

communicate [comiunikeit] comunicar
 it's engaged/it's busy [its engeicht/its bisi] está comunicando
companion compañero(a)
company [compani] compañía, empresa, sociedad
compartment [compartment] compartimento
compass [compas] brújula
compensate [compenseit] indemnizar
complain [complein] quejarse, protestar
complaint [compleint] reclamación, queja
 complaints book [compleints buk] libro de reclamaciones
 complaints department [compleints dipartmAent] oficina de reclamaciones
 all complaints in writing, please [ol compleints in raiting, plis] todas las reclamaciones, por escrito, por favor
complete [complit] completo(a)
computer [compiuter] ordenador, computadora
concert [consert] concierto
condition [condishon] condición
 in good/bad conditions [in gud/bad condishons] en buenas/malas condiciones
condom [condom] preservativo
conference [confrens] conferencia

conference centre [confrens sentaer] palacio de congresos
confess [confes] confesarse
confidence [confidens] confianza, seguridad
congratulate [congratiuleit] felicitar
Congratulations! [congratiuleishaens] ¡felicidades!, ¡enhorabuena!
connection [conecshon] (transporte) correspondencia; (cables, tubos) empalme
consecutive [conseciutiv] consecutivo(a)
considered [considaerd] visto(a), considerado(a)
constipation [constipeishaen] estreñimiento
consulate [consiulet] consulado
contact [contact] contactar
contact: contact lenses [contact lenses] lentillas
contrary [contraeri] opuesto(a)
control [controul] control, mando
control [controul] controlar
convenient [convínient] cómodo(a)
convertible [convertibol] descapotable
cook [cuk] cocinero(a)
cook [cuk] cocinar, guisar
cookie [cukis] galleta
cool [cul] fresco(a)
cool drink [cul drinc] refresco
cord [cord] cordón
Cordoba [cordoba] córdoba

cork [cork] (de corcho) tapón
corkscrew [corkscriu] sacacorchos
corner [cornaer] esquina, rincón
cornice [cornis] cornisa
corridor [coraedor] pasillo
cost [cost] costar
cot [cot] cuna
cotton [cotaen] algodón
couch [cauch] sofá
couchette [cushet] (de tren) litera
cough [cof] tos
to have a cough [tu jav a cof] tener tos
cough [cof] toser
count [caunt] (números) contar
counter [caunter] mostrador
country [contri] país
country house [contri jaus] quinta
countryside [contrisaid] campo, campiña
couple [copel] pareja, par
courgette [coershet] calabacín
course [cors] (parte de una comida) plato
cove [couv] cala
cover [covaer] tapa
covered [covaert] cubierto(a)
craft [craft] embarcación
cramp [cramp] (muscular) calambre
crane [crein] (construcción) grúa; (pájaro) grulla
crap [crap] mierda
crash [crash] chocar
crazy [creitzi] loco(a)

cream [crim] crema, nata
crèche [cresh] guardería
crest [crest] cresta
crew [cru] tripulación
crib [crib] cuna
crimson [crimsaen] granate
crockery [croqueri] vajilla
cross [cros] cruz
cross [cros] cruzar
crossing [crosing] cruce, paso
  level crossing [levael crosing] paso a nivel
  pedestrian crossing [pedestrion crosing] paso de peatones
  zebra crossing [tsebra crosing] paso cebra
  Watch out! Dangerous crossing ahead! [uatch aut deincheros crosing ajed] ¡Atención! ¡Cruce peligroso!
crossroads [crosrouds] cruce
crown [craun] (moneda) corona
cruise [cruus] crucero
crutch [croetch] muleta
crystal [cristel] (fino) cristal
cucumber [ciucombaer] pepino
cuff [coef] (de manga) puño
cufflinks [coflinks] (de camisa) gemelos
cup [cop] taza
cure [quiur] cura
curler [coerlaer] rulo
curly [coerli] rizado(a)
current [coeraent] corriente
curtain [coertaen] cortina
curve [querv] curva

Warning! Dangerous curve ahead! [güorning deincheros caerv ajed] ¡Atención! ¡Curva peligrosa!
custom [costaem] costumbre; aduana
  customs officer [costoms ofiser] aduanero
cut [cot] cortar
cutlet [cotlaet] (de animal) costilla
cycling [saiclin] ciclismo
cylinder [silendaer] bombona

D

dad [dad] papá
daddy [dadi] papá
dairy [deiri] lechería
daisy [deisi] margarita
damage [damich] estropear
damp [damp] humedad; húmedo(a)
danger [deinchaer] peligro
  Danger! Keep Away! [deinchaer kiip auei] ¡Peligro! ¡Manténgase alejado!
dangerous [deincherus] peligroso(a)
dark [dark] oscuro(a)
dark-skinned [darc-skint] (de piel) moreno(a)
date [deit] fecha
dawn [daun] amanecer
day [dei] día
  all day (long) [ol dei (long)] todo el día
  every day [evri dei] todos los días

it's a nice day [its a nais dei]
hace buen día
the day after/before [de dei
after/bifor] el día
siguiente/anterior
deaf [def] sordo(a)
decaffeinated [dicafAEneited]
descafeinado(a)
deceive [disiv] engañar
December [disember]
diciembre
deck [dec] cubierta
deck chair [dec cheir]
tumbona
declare (en aduana) declarar
nothing to declare [nozin tu
dicleir] nada para declarar
something to declare [somzin
tu dicleir] algo para declarar
deep [diip] hondo(a),
profundo(a)
degree [degrí] grado
delay [dilei] retraso, demora
to be delayed [tu bi deleid]
llegar con retraso
delicate [deliquet] fino(a),
suave
delicatessen [delicatesen]
charcutería
delighted [dileited]
encantado(a)
demand [dimand] reclamar,
exigir
dentist [dentist] dentista
deodorant [diouderant]
desodorante
department [dipartmAENt] (en
grandes almacenes) sección,
departamento

departure [diparture] salida
departure lounge [dipartiur
lounch] sala de embarque
depend [dipend] depender
it depends [it dipends]
depende
deposit [diiposit] (de dinero)
depósito, adelanto; (en
cuenta bancaria) ingreso
descent [disent] bajada,
descenso
desert [desert] desierto
dessert [disAErt] postre
destination [destineishon]
destino
detain [ditein] detener
detergent [diterchent]
detergente
detour [ditur] desvío
develop [divelop] (fotos) revelar
dew [diu] rocío
diabetes [dayebitis] diabetes
dial [dail] (teléfono) marcar
diaper [daiper] pañal
diarrhoea [daioria] diarrea
diary [daieri] (personal) agenda
dictionary [dicshonAEri]
diccionario
die [dai] morir
diesel [disel] diésel, gasóleo
diet [daiet] dieta, régimen;
(alimentos) light
different [difrAEnt] distinto(a)
difficult [dificolt] difícil
digestive [daichestiv]
digestivo(a)
dignified [dignifait] (conducta,
actitud) elegante
dinghy [dingui] barca

Di

dining: dining room [daining rum] comedor
dinner [diner] cena
  dinner jacket [diner chaquet] esmoquin
direction [dairecshon] dirección
director [dairecter] director(a), presidente(a), gerente
directory [dairectori] directorio, listín
  directory enquiries [dairectori enkwairis] información
dirty [derti] sucio(a)
disabled [diseibʌeld] inválido(a)
disappear [disapier] desaparecer
disaster [disastʌer] desastre
disco, discotheque [disco, discotec] discoteca
discount [discaunt] descuento
disease [disis] enfermedad
disembark [disembarc] desembarcar
dish [dish] plato
dishes [dishes] vajilla
dishwasher [dishuasher] lavavajillas
disinfect [disinfect] desinfectar
dispatch [dispach] (mercancía) despachar
distance [distans] distancia
distant [distʌent] lejos
district [district] barrio, distrito
disturb [distʌerb] molestar
  do not disturb [du not distʌerb] no molestar
disturbance [disterbans] molestia

ditch [ditch] (de una carretera) cuneta
diversion [daivershon] desvío
diving [daiving] submarinismo
divorced [divorct] divorciado(a)
do [du] hacer
doctor [doctʌer] doctor(a), médico(a)
dog [dog] perro
doll [dol] muñeco(a)
dollar [dolʌer] dólar
domestic [domestic] (política) interior; (vuelo) nacional
done [dʌen] hecho(a)
  well done [uel doen] (bistec) muy hecho
donkey [donqui] burro(a)
door [dor] puerta
  emergency door [imerchenci dor] salida de emergencia
  please, use other door [plis, ius ozer dor] por la otra puerta
dot [dot] punto
  on the dot [on de dot] (hora) en punto
double [dobel] doble
doubt [daut] dudar
downtown [dauntaun] centro
dozen [dosen] docena
drain [drein] desagüe
draw [dro] (lotería) sorteo
dream [drim] sueño
dress [tu dres] vestir
dried [draid] seco(a)
drink [drinc] beber
  drink [drinc] bebida
drinkable [drincabol] potable

drive [draiv] (tráfico) circular;
(vehículo) conducir
  drive [draiv] (en coche) paseo
driver [draiver] chofer,
  conductor(a)
driving [draiving] : **driving
  licence** [draiving laisens]
  permiso de conducir
drizzle [drisAEl] llovizna
  drizzle [drisAEl] lloviznar
drop [drop] (de valor, temperatura)
  descenso; (de líquido) gota
  drop [drop] bajar, dejar caer
drought [draut] sequía
drowsiness [drausines] sueño
drummer [dromer] batería
drunk [dronc] borracho(a)
dry [drai] secar
  dry [drai] seco(a)
  dry clean [drai clin] lavar en
  seco
  dry cleaner's [drai clinAErs]
  tintorería
dryer [drayer] secador
dual-carriageway [duel
  carichguei] autovía, autocarril
  dual-carriageway ahead [duel
  carichguei ajed] más adelante
  autovía
  end of dual carriageway [end
  ov duel carichguei] final de la
  autovía
dull [dol] soso(a)
dumb [doem] mudo(a)
dune [dun] duna
duo [diuo] tándem
during [diurin] durante
dusk [dosc] anochecer,
  atardecer

dust [dost] polvo
dustbin [dostbin] cubo de la
  basura
duty [diuti] arancel
  duty free [diuti fri] libre de
  impuestos
duvet [duvei] edredón

E

each [ich] cada
ear [ier] oreja
early [erli] pronto, temprano
  early morning [erli morning]
  madrugada
earn [oern] (sueldo) cobrar,
  ganar
earring [iering] arete,
  pendiente
earth [erz] tierra
east [iist] este
Easter [ister] Pascua
  Happy Easter! [japi ister]
  ¡Felices Pascuas!
easy [iisi] fácil
eat [it] comer
egg [eg] huevo
eggplant [egplant] berenjena
eiderdown [aiderdaun] edredón
elbow [elbou] codo
electric [electric] eléctrico(ca)
  electric shaver [electric
  sheivAEr] máquina de afeitar,
  rasuradora
  electric shock [electric shoc]
  calambre
electrician [electrishAEn]
  electricista

El

electricity [electrisiti] electricidad, luz

elegant [elaegaent] elegante

elevator [eleveitor] ascensor

embark [embarc] embarcar

embarkation [embarkeishon] embarcación, embarque

embarrassment [embaraesmaent] sofoco, vergüenza

embassy [embaesi] embajada

emergency [imerchensi] emergencia

employee [emploiyi] empleado(a)

empty [emti] vacío(a)

empty [emti] vaciar

end [end] acabar, terminar

end [end] fin

end of motorway/dual carriageway [end ov motorguei/duel carichguei] final de la autopista/autovía

end of the line [end ov de lain] final de trayecto

engine [enchin] motor

petrol/diesel engine [petrol/diesel enchin] motor de gasolina/diésel

England [ingland] Inglaterra

English [inglish] inglés(a)

enough [inof] suficiente

enter [entaer] entrar

enter without knocking [entaer wizaut noquin] entre sin llamar

entertaining [enterteinin] (entretenido) divertido(a)

entertainment [enterteinmaent] ocio

entertainments page [enterteinments peich] cartelera

entrance [entrens] entrada

entrance ticket [entrens tiquet] entrada

entry [entri] entrada, ingreso

no entry [no entri] ¡prohibido el paso!

envelope [enveloup] sobre

eraser [ireiser] (de borrar) goma

error [erraer] error

eruption [iropshaen] erupción

escudo [escudo] (moneda) escudo

especially [espeshali] sobre todo

estuary [estiuari] estuario, ría

euro [iuro] euro

even [iven] aun, incluso

evening [ivening] tarde

evening meal [ivening mil] cena

every [evri] cada

everybody [evribodi] todo el mundo

everyday [evridei] todos los días

everyone [evriuan] todo el mundo

everything [evrizin] todo

everywhere [evrigüer] en todas partes

exact [ecsact] exacto(a)

exactly! [ecsactli] ¡exacto!

example [ecsampol] ejemplo

for example [for ecsampol] por ejemplo

except [ecsept] excepto, salvo

excess [ecses] exceso
  excess baggage [ecses bagich] exceso de equipaje
excuse [ecscuis] excusa
excuse [ecscius] perdonar, disculparse
  excuse me! [ecscius mi] perdón, perdone
exhaust [ecsost] tubo de escape
exhibition [ecsibishAEn] exposición
exit [exit] salida
  emergency exit [imerchenci exit] salida de emergencia
  fire exit [faier exit] salida de incendios
expatriate [ecspatrieit] expatriar
expensive [ecspensif] caro(a)
expire [ecspair] caducar
explain [ecsplein] explicar
express [expres] (carta) urgente
  express train [expres trein] exprés, expreso
express [expres] expresar
extension [extenshAEn] extensión, prolongación
  extension lead [extenshAEn lid] alargador
exterior [ecstirier] exterior
extra [ecstra] aparte
  extra charge [ecstra charch] suplemento
eye [ai] ojo
eyebrow [aibrau] ceja
eyelash [ailash] pestaña

F

fabric [fabric] tejido, tela
face [feis] cara
  face mask [feis masc] mascarilla
factory [factori] fábrica
faint [feint] desmayarse
fair [feir] justo(a); (pelo) rubio(a); (comercial) feria
  trade fair [treid feir] feria de muestras
fall [fol] caer
false [fols] falso(a)
family [famili] familia
famous [feimos] famoso(a)
fan [fan] ventilador
fantastic [fantastic] genial
far [far] lejos, lejano(a)
  far from [far from] lejos de
fare [feir] (transportes) tarifa
  minimum fare [minimom feir] (taxi) bajada de bandera
  reduced fares [riduist feirs] tarifas reducidas
  please, have exact fare ready [plis, jav exact feir redi] sólo cambio exacto, por favor
  student fare [stiudent feir] tarifa especial para estudiantes
farm [farm] granja
fashion [fashAEn] moda
fashionable [fashnAEbol] de moda
fast [fast] (reloj) adelantado(a); rápido(a)
fasten [fasAEn] sujetar, abrochar

fasten your seatbelt [fasAEn ior sitbelt] abróchese el cinturón

fat [fat] gordo(a); (animal, vegetal) grasa

father [fazAEr] padre

father-in-law [fazAEr-in-lo] suegro

faucet [fosit] grifo

fault [folt] culpa; (tara) defecto

it's not my fault [its not mai folt] no es culpa mía

faulty [folti] defectuoso(a)

favour [feivAEr] favor

fax [fax] fax

fear [fier] miedo

feather [fezAEr] (de ave) pluma

February [febiuari] febrero

feed [fid] alimentar, dar de comer

do not feed the animals! [do not fid ze animals] ¡prohibido dar comida a los animales!

feel [fil] sentir

I'm sorry [aim sori] lo siento

female [fimeil] hembra

fender [fendAEr] parachoques, guardabarros

ferry [ferri] transbordador

festive [festiv] festivo(a)

fever [fiver] fiebre

few (a) [a fiu] poco(a)

field [field] campo, prado

fill [fill] llenar

film [film] (cine) película; (de cámara) carrete

final [fainel] final

find [faind] encontrar

fine [fain] fino(a); (estado) bien; (penalización) multa

fine [fain] poner una multa

finger [finguer] dedo

finish [finish] terminarse, acabar

fire [faier] fuego, incendio

fire brigade [faier brigeid] bomberos

fire exit [faier exit] salida de incendios

fire extinguisher [faier ecstingüishAEr] extintor, extinguidor

firewood [feierwud] leña

firm [ferm] compañía, firma

first [ferst] antes; primero(a)

first class [ferst clas] (billete) primera clase

first course [ferst cors] (comida) primer plato

first-aid kit [ferst-eid kit] botiquín

fish [fish] pescado, pez

fishing [fishing] pesca

fishing rod [fishin rod] caña de pescar

fishmonger's [fishmonguers] pescadería

fist [fist] puño

fit [fit] caber

flap [flap] (de libro, bolsillo) solapa

flash [flash] flash

flask [flask] termo

flat [flat] (vivienda) piso; plano(a)

flea [fli] pulga

flea market [fli marquet] rastro

flight [flait] vuelo

float [flout] boya

flood, flooding [flod, flodin] inundación

floor [flor] piso, planta; suelo
  what floor? [uat flor] ¿a qué piso va?
  which floor are you on? [uich flor ar iu on] ¿en qué piso está?

florist's [florests] floristería

flour [flauer] harina

flower [flauer] flor

flu [flu] gripe

fly [flai] mosca

fly [flai] volar

fog [fog] niebla

folding [foulding] plegable

follow [folou] seguir

food [fúd] comida
  fast food [fast fúd] comida rápida
  take-away food [teic-auei fúd] comida para llevar

fool [ful] (familiar) burro(a)

foot [fut] pie
  on foot [on fut] a pie

football [futbol] futbol, fútbol

for [for] para, por
  it's for you [its for iu] es para tí

forbidden [forbiden] prohibido(a)

force [fors] fuerza

forehead [forjed] frente

foreign [foren] (extranjero) exterior
  foreign currency [foren corenci] divisas
  foreign exchange [foren excheinch] cambio de moneda o divisas

foreigner [forener] extranjero(a)

forest [forest] bosque

forget [forguet] olvidar

forgive [forgiv] perdonar

fork [forc] tenedor

form [form] forma; (papel) formulario, impreso

formal [formʌl] formal

forward [foruerd] (en tiempo) adelante

fountain [faunten] fuente
  fountain pen [faunten pen] (estilográfica) pluma

fourth [forz] cuarta

foyer [foye] (de hotel, oficina) vestíbulo

fragile [fracheil] (cosas) frágil

frail [freil] (personas) frágil

frank [franc] sincero(a), franco(a), honesto(a)

fraud [froud] estafa

free [fri] gratis
  it's free [its fri] es gratis
  free admission/entry [fri admishon/entri] entrada libre
  free bar [fri bar] barra libre

freeway [friuei] autopista

freeze [friis] helar

fresh [fresh] fresco(a)

Friday [fraidei] viernes

fridge [fridch] nevera, frigorífico

fried [fraid] frito(a)

friend [frend] amigo(a)

friendly [frendli] simpático(a)

fright [frait] susto

from [from] de
  from Monday to Friday [from mondei tu fraidei] de lunes a viernes

Fr

front [front] delante
 in front of [in front ov] delante
 de, ante
frost [frost] escarcha, helada
fruit [frut] fruta
 fruit shop/store [fut shop/stor]
 frutería
fuel [fiul] combustible
full [ful] completo(a), lleno(a)
funicular [foniciulAEr] funicular
funny [foni] divertido(a),
 gracioso(a)
furniture [fernitiur] mueble
furrier [foerier] (tienda) peletería
further [fAErZAEr] más allá
future [fiucher] futuro

G

gallery [galeri] galería
game [geim] juego; (tenis,
 baloncesto) partido; (animales)
 caza
gamekeeper [geimquiper]
 guardabosques
garage [garAEch] garaje; (de
 coches) taller
garden [gardAEn] jardín
garlic [garlic] ajo
garnish [garnish] (en comida)
 guarnición
gas [gas] gas; gasolina
 gas station [gas steishon]
 gasolinera
gate [geit] (exterior) puerta
gear [gier] (coche) marcha
gel [chel] gel
Gemini [cheminai] géminis

general [chenrAEl] general
gentle [chentol] (persona)
 tierno(a), dulce
gentleman [chentAElman]
 (caballero) señor
Gents [chents] (aseos)
 caballeros
get [guet] recibir; (transporte)
 tomar, coger
get into [guet intu] (coche, taxi)
 subir
get lost [guet lost] perderse
get on [guet on] (avión, tren,
 barco) subir
get ready [guet redi] preparar
get up [guet op] levantarse
gift [gift] regalo; (habilidad) don
girl [gerl] niña
girlfriend [gerlfrend] (sentimental)
 novia; (amistad) amiga
give [giv] dar
give back [giv bac] devolver
give way [gif uei] ceder
 yield, «right of way» [ield, rait of
 uei] ceda el paso
glacier [gleisier] glaciar
glass [glas] copa, vaso;
 (material) vidrio, cristal
glasses [glases] gafas,
 anteojos
glove [glov] guante
 glove compartment [glov
 compartmAEnt] guantera
glue [glu] pegamento
go [gou] ir
 go in [gou in] entrar
goal [goul] gol
go back [gou bac] retroceder
God [god] dios

gold [gould] oro; dorado(a)
golden [goulden] dorado(a)
golf [golf] golf
good [gud] bueno(a)
  good afternoon/evening! [gud afternun/ivenin] ¡buenas tardes!
  good morning! [gud morning] ¡buenos días!
  good night! [gud nait] ¡buenas noches!
goodbye [gudbai] adiós
good-looking [gud-luquin] guapo(a)
go to bed [gou tu bed] acostarse
government [goverment] gobierno
gram [gram] gramo
grandaughter [grandotAEr] nieta
grandchildren [grandchildrAEn] nietos(as)
grandfather [granfazAEr] abuelo
grandmother [granmozAEr] abuela
grandparents [granpairents] abuelos
grandson [grandson] nieto
grape [greip] uva
grateful [greitful] agradecido(a)
  very grateful [veri greitful] muy agradecido
graveyard [greiviard] cementerio
grease [gris] grasa
great [greit] genial, súper
Great Britain [greit briten] Gran Bretaña
green [grín] verde

greengrocer [gringrouser] frutería
greet [grit] saludar
greeting [griting] saludo
grey [grei] gris
groin [groin] ingle
ground [graund] (exterior) suelo
  ground floor [graund flor] planta baja
group [grup] grupo
guarantee [garanti] garantía
guard [gard] guarda
guest [guest] huésped(a), invitado(a)
guesthouse [guestjaus] hostal, pensión
guide [gaid] guía
  guided tours [gaided turs] excursiones guiadas
guitar [guitar] guitarra
gumboil [gomboil] flemón
gutter [goetAEr] (de una calle) cuneta
gym [chim] gimnasio
gymnastics [chimnastics] gimnasia

H

haberdashery [jabadasheri] mercería
haggle [jagel] regatear
hair [jeir] cabello, pelo
hairdo [jeirdu] peinado
hairdresser's [jeirdresAErs] peluquería
hairdryer [jeirdrayer] secador de pelo

hairpin [jeirpin] horquilla
hairspray [jeirsprei] laca
hairstyle [jeirstail] peinado
half [jaf] medio(a); mitad
　half a litre [jaf a liter] medio
　litro
halfprice [jafpreis] a mitad de
　precio
hall [jol] sala, vestíbulo
　halls of residence (estudiantes)
　residencia
ham [jam] jamón
hamburger [jambaerger]
　hamburguesa
　hamburger restaurant
　[jambaerger restaeront]
　hamburguesería
hammock [jamoc] hamaca
hand [jand] mano
　hand luggage [jand logich]
　equipaje de mano
handbag [janbag] (de mujer)
　bolso
handball [jandbol] balonmano
handkerchief [janquerchif]
　pañuelo
handle [jandael] mango, asa,
　agarradera
handsome [jansom] (hombre)
　guapo
handwriting [jandraitin]
　(escritura) letra
handy [jandi] útil
hangover [jangouvaer] resaca
hanky [janqui] pañuelo
happen [japen] ocurrir, suceder
happiness [japines] felicidad
happy [japi] feliz, contento(a),
　alegre

Happy New Year! [japi niu ier]
¡Feliz Año Nuevo!
harbour [jarbaer] puerto
hard [jard] duro(a)
　hard shoulder [jard shouldaer]
　arcén, acotamiento
hardware [jardweir] ferretería
　hardware shop/store [jardweir
　shop/stor] ferretería
harsh [jarsh] (normas, carácter)
　rígido(a)
hat [jat] gorro, sombrero
have [jav] tener
　have to [jav tu] tener que
have breakfast [jav brekfaest]
　desayunar
have dinner [jav diner] cenar
have got [jav got] (posesión)
　tener
have lunch [jav loench] almorzar
he [ji] él
head [jed] cabeza
headache [jedeic] dolor de
　cabeza
headlight [jedlait] (de coche) faro
headrest [jedrest] reposacabezas
headteacher [jedticher] (de una
　escuela) director(a)
health [jelz] salud
　health clinic [jelz clinic]
　ambulatorio
　health spa [jelz spa] balneario
healthy [helzi] sano(a)
hear [jir] oír
hearing [jiring] oído
heart [jart] corazón
　heart attack [jart atac] infarto
heartburn [jartbaern] acidez de
　estómago

heat [jit] calor
heater [jiter] estufa
heating [jítin] calefacción
  central heating [central jítin]
  calefacción central
heel [jiil] tacón; (del pie) talón
height [jait] altura
helicopter [jelicoptAER]
  helicóptero
hello [jelou] ¡hola!, ¡buenas!
  hello? [jelou] (al teléfono)
  ¿diga?, ¿dígame?
helmet [jelmet] casco
help [jelp] auxilio, ayuda
  help! [jelp] ¡socorro!
hem [jem] dobladillo
hen [jen] gallina
her [jer] ella; (de ella) su
here [jir] aquí
hi [jai] (informal) hola
hiccups [jicops] hipo
high [jai] alto(a)
higher [jaiyer] superior
highway [jaiuei] autovía
hill [jil] colina, subida
him [jim] él, lo, le; (de él) su
hip [jip] cadera
hire [jair] alquilar
hitch-hiking [jitch jaiquin]
  autostop
hoax [joucs] timo
hockey [joqui] hoquei
holder [jouldAER] titular
hole [joul] agujero
holiday [jolidei] vacaciones;
  (día festivo) fiesta
  to be on holiday [tu bi on jolidei]
  estar de vacaciones
home [joum] domicilio

home address [joum adres]
  residencia habitual
home-made [joum-meid]
  (comida) casero(a)
honeymoon [jonimun] luna de
  miel
hope [joup] esperar
horn [jorn] bocina
horse [jors] caballo
  horse-riding [jors-raidin]
  montar a caballo
hospital [jospitel] hospital
hostel [jostel] albergue
  youth hostel [yuz jostel]
  albergue de juventud
hostess [jostes] azafata
hot [jot] caliente
hotel [joutel] hotel
  hotel apartments [joutel
  apartments] aparthotel
hour [auer] hora
house [jaus] casa
how [jau] cómo; como; qué
  how are you? [jau ar iu] ¿cómo
  estás?
  how many [jau meni] (contable)
  cuántos(as)
  how much [jau moch]
  (incontable) cuánto(a)
hug [jog] abrazo
humidity [jiumiditi] humedad
humour [jiumer] humor
  good/bad humour
  [gud/bad jiumer] buen/mal
  humor
hunting [jontin] (acción) caza
hurry [jAERi] prisa
  hurry up! [jAERi op] dese prisa
hurt [jert] daño

hurt [jert] doler; (hacerse daño) lastimarse
husband [josbaend] marido
hut [joet] cabaña
hypermarket [jaipermarquet] hipermercado

I

I [ai] yo
ice [eis] hielo
  ice cube [eis quiub] cubito
  ice lolly [eis loli] polo
ice-box [eisbox] frigorífico
ice-cream [eis-crim] helado
  ice-cream parlour [eis-crim parlaer] heladería
identical [identicol] igual, idéntico(a)
if [if] si
  if not [if not] si no
  if only! [if onli] ¡ojalá!
ill [il] enfermo(a)
illegal [iligol] ilegal
illness [ilnes] enfermedad
immediately [imidiatli] enseguida, inmediatamente
impatient [impeishent] impaciente
imported [imported] (artículo) de importación
impossible [imposibael] imposible
in [in] dentro, en, por
inauguration [inaugereishen] inauguración
increase [incris] incremento, subida

increase [incris] (precio) subir
incredible [incredibael] increíble
indication [indiqueishaen] indicación
indicator [indiqueitaer] indicador; (coche) intermitente
indigestion [indigestien] indigestión
individual [individiual] individual
industry [indostri] industria
infection [infecshaen] infección
inflammation [inflameishaen] inflamación
inform [inform] informar
information [informeishaen] información
infusion [infiushaen] infusión
ingredient [ingridient] ingrediente
inhabitant [injabitent] habitante
initial [inishael] inicial
injection [inchecshaen] inyección
inland [inland] interior
in-laws [in-los] suegros
inn [in] posada
inner [iner] interior
  inner patio [iner patiou] patio interior
insect [insect] insecto
insecticide [insectisaid] insecticida
insecurity [insiciuriti] inseguridad
insert [insert] insertar
insipid [insipid] soso(a)

installment [instolment] abono, plazo

instructions [instrocshAens] instrucciones

insulin [insiulin] insulina

insurance [insiurans] seguro

  accident insurance [accidAent insiurans] seguro contra accidentes

  health insurance [jelz insiurans] seguro médico

  travel insurance [travel insiurans] seguro de viaje

intercity [intersiti] interurbano(a); (tren) exprés

intercom [intercom] interfono

interest [intrest] interés

interesting [intrestin] interesante

interference [interfirens] interferencia

intermission [intermishAen] intermedio

interval [intervAel] intermedio

intestine [intestain] intestino

introduce [introduis] presentar

  this is... [zis is] le presento a...

invite [invait] invitar

Ireland [eirland] Irlanda

Irish [eirish] irlandés(a)

iron [aiern] hierro; (utensilio) plancha

iron [aiern] planchar

Islamist [islamist] islamista

island [eiland] isla

isthmus [ismAes] istmo

it [it] ello, lo

itch [itch] picor

itinerary [aitinereri] itinerario

J

jack [shac] (de coche) gato

jacket [chaquet] chaqueta

jail [cheil] cárcel

January [chaniuari] enero

jar [shar] bote

Jasmine [chasmin] jazmín

jeans [chins] tejanos, vaqueros

jeep [chiip] jeep

jellyfish [chelifish] medusa

jewel [chiuel] joya

jeweller's [chiuelers] (tienda) joyería

jewellery [chiueleri] (arte, comercio) joyería

Jewish [chiuish] judío(a)

joke [chouc] chiste

journey [chAerni] trayecto, viaje

jug [choeg] jarra

juice [chus] zumo

July [chulai] julio

jump [chomp] saltar

jumper [chompAer] jersey, suéter

junction [choncshon] (carretera) cruce

June [chun] junio

just [chost] justo(a), sólo

K

kangaroo [cangaru] (animal) canguro

keep [kip] guardar, mantener

  keep away! [kip agüei] ¡manténgase alejado!

keep off the grass [kip of de gras] no pisar el cesped
keep out! [kip aut] ¡prohibida la entrada!
keep right/left [kip rait/left] circular por la derecha/izquierda
keep fit [kip fit] gimnasia
kerb [querb] bordillo
ketchup [quetchop] ketchup
key [qui] llave
kidney [kidni] riñón
kill [kil] matar
kilogram [quilogram] kilogramo
kilometer [quilometAEr] kilómetro
kind [caind] amable; (especie) tipo
  would you be kind enough to...? [güd iu bi caind inof tu] ¿sería usted tan amable de...?
king [king] rey
kingdom [kingdom] reino
kiosk [quiosc] kiosco, quiosco
kiss [kis] besarse
kiss [kis] beso
kitchen [kichAEn] cocina
knee [ni] rodilla
knickers [niquers] bragas
knife [naif] cuchillo
knock [noc] (en la puerta) golpe
know [nou] conocer, saber

L

label [leibel] etiqueta
lace [leis] (zapato) cordón
lack [lac] (carencia) falta

ladder [ladAEr] escalera
Ladies [leidis] (lavabo) Damas
lady [leidi] señora
lager [lagoer] (cerveza) rubia
lagoon [lagun] laguna
lake [leic] lago
lamb [lam] cordero
lame [leim] (persona) cojo(a)
lamp [lamp] lámpara
land [land] aterrizar
land [land] terreno
landing [landin] aterrizaje; (escalera) rellano
  an emergency landing [an imerchenci landin] un aterrizaje forzoso
landlady [landleidi] casera
landlord [landlord] casero
landscape [landsceip] paisaje
lane [lein] carril
  bus lane [bos lein] carril bus
  keep in lane [kip in lein] prohibido cambiar de carril
language [languich] idioma, lengua
lapel [lAEpel] (de chaqueta) solapa
large [larch] grande
last [last] durar
  last [last] pasado(a), último(a)
  last night [last nait] anoche
late [leit] tarde
later [leiter] luego, más tarde, después
  see you later! [si iu leiter] ¡hasta luego!
latest [leitest] (reciente) último(a)

laugh [laf] reírse
laughter [laftAEr] risa
launderette [londaEret] (automática) lavandería
laundry [londri] colada; (lugar) lavandería
 laundry service [londri servis] servicio de lavandería
law [lo] ley
lawyer [loiyer] abogado(a)
laxative [laxativ] laxante
leaf [liif] (de árbol) hoja
leaflet [liflet] folleto
leak [lik] gotera
leather [lezer] cuero
leave [liiv] irse, salir, dejar
left [left] izquierdo(a)
 on the left [on de left] a la izquierda
 left luggage lockers [left logich locoers] consigna automática
 left luggage office [left logich ofis] consigna
leg [leg] pierna, pata
lemon [lemon] limón
lemonade [lemoneid] gaseosa
lend [lend] prestar
Leo [lío] leo
leotard [liotard] (de gimnasia) leotardos
less [les] (cantidad) menos
lesson [leson] lección
letter [letAEr] carta; (de alfabeto) letra
lettuce [letoes] lechuga
level [levAEl] nivel
Libra [libra] libra
library [laibreri] biblioteca
licence [laisens] permiso

lid [lid] tapa
life [laif] vida
lifeboat [laifbout] bote salvavidas
lift [lift] ascensor
 lift [lift] levantar
light [lait] ligero(a); luz
 light aircraft [lait eircraft] avioneta
 light bulb [lait bolb] bombilla
 light [lait] encender
lighter [leiter] encendedor
lighthouse [laitjaus] faro
lightning [laitning] relámpago
like [laik] gustar
likeable [laikAEbol] simpático(a)
lilac [lailac] lila
lilo [lailo] (hinchable) colchoneta
lime [laim] lima
limit [limit] límite
limited [limitAEd] escaso(a), limitado(a)
line [lain] línea
lingerie [lonsheri] (de mujer) lencería
lip [lip] labio
lipstick [lipstic] pintalabios
liquer [liciur] licor
lira [lira] lira
list [list] lista
 price list [preis list] lista de precios
 waiting list [ueitin list] lista de espera
listen [lisen] escuchar
litre [liter] litro
litter: litter bin [litAEr bin] (en calle) papelera

Li

little [litel] pequeño(a)
  a little [a litAEl] poco(a)
live [liv] vivir
  live [laiv] en vivo
liver [livAER] hígado
lobby [lobi] (de hotel, oficina)
  vestíbulo
local [loquel] local
lonely [lounli] (triste) solo(a);
  (lugar) solitario(a)
long [long] largo(a)
  long distance [long distans]
  (tren, llamada) interurbano(a)
look [luk] mirar
  look right/left [luk rait/left] (para
  peatones) mire a la
  derecha/izquierda
  look for [luk for] buscar
lorry [lori] camión
lose [lus] perder
lot: a lot of [a lot ov] mucho(a)
lotion [loshAEN] loción
lottery [loteri] lotería
loud [laud] (volumen) fuerte
loudspeaker [laudspiquer]
  megafonía, bocina
lounge [lounch] salón
lounger [launcher] hamaca
louse [laus] piojo
love [lov] amor
  love [lov] amar, querer
low [lou] (edificios, montañas)
  bajo(a)
lower [louer] inferior
luck [loek] suerte
  good luck! [gud loek] ¡buena
  suerte!
luckily [loequeli] por suerte
luggage [logich] equipaje

hand luggage [jand logich]
  equipaje de mano
luggage trolley [logich troli]
  portaequipajes
lukewarm [lukgüorm] tibio(a)
lunch [loench] almuerzo
lung [loeng] pulmón
luxury [locsheri] lujo

M

machine [mashin] máquina
mad [mad] loco(a)
made [meid] fabricado(a),
  hecho(a)
made-up [meid op] (maquillaje)
  pintado(a)
magazine [magasin] revista
magic [magic] magia
mail [meil] correo
  airmail [eirmeil] correo aéreo
  e-mail [imeil] correo
  electrónico
  mail [meil] enviar
mailbox [meilbox] buzón
main [mein] principal
  main course [mein cors] plato
  principal
majority [machoriti] mayoría
make [meic] (construir, producir)
  hacer
make-up [meic-op] maquillaje
man [man] hombre
management [manachment]
  (de empresa, hotel)
  dirección
manager [manAEcher] gerente,
  director

manageress [manacheres] gerente, directora

manicure [manicuir] manicura

manual [maniuol] manual

many [meni] (en preguntas y negativas) mucho(a)

map [map] mapa, plano

road map [roud map] mapa de carreteras

street map [strit map] callejero

marble [marboel] mármol

March [march] marzo

marina [marina] puerto deportivo

mark [marc] marco

marker [marquer] rotulador

market [marquet] mercado

marriage [marich] matrimonio

married [marid] casado(a)

just married [chost marid] recién casados

marvellous [marvelus] maravilloso(a)

mascara [mascara] rímel

mass [mas] misa

massage [masach] masaje

mat [mat] colchoneta

match [match] (de fútbol, baloncesto) partido

material [maεtiriol] material, tejido, tela

mattress [matraεs] colchón

mature [matiur] maduro(a)

maximum [maximom] máximo(a)

May [mei] mayo

maybe [meibi] quizás

mayor [meiur] alcalde

mayoress [meiures] alcaldesa

me [mi] mí, yo

meadow [medou] pradera

meaning [mining] sentido, significado

meanwhile [minguail] entretanto

measure [meshiur] medida

measure [meshiur] medir

measurement [meshiurmaεnt] (medición) medida

meat [mit] carne

mechanic [mecanic] mecánico(a)

medicine [medisin] medicamento, medicina

mediterranean [mediterεinian] mediterráneo(a)

medium [midium] mediano(a)

meet [mit] encontrarse

pleased to meet you [plist tu mit iu] ¡encantado de conocerle!

meeting [mítin] reunión

melon [melon] melón

member [membaεr] (de un club) socio(a)

memory [memori] memoria

Menswear [mensuer] (en grandes almacenes) caballeros

menu [meniu] carta, menú

set menu [set meniu] menú del día

Merry Christmas! [meri crismas] ¡Feliz Navidad!

merry-go-round [meri-gou-raund] caballitos

message [mesaεch] mensaje, recado

metal [metaεl] metal

metre [miter] (unidad) metro

mezzanine [metzanin] entresuelo

midday [middei] mediodía
at midday [at middei] al mediodía

midnight [midnait] medianoche
at midnight [at midnait] a medianoche

migraine [maigrein] jaqueca

mild [maild] (clima, sabor) suave

milk [milk] leche
cleansing milk [clensin milk] leche limpiadora
low-fat milk [lo fat milk] leche desnatada

mind [maind] cuidar; importar
mind the gap! [maind de gap] (en tren, Metro) ¡cuidado al bajar!
mind the step! [maind de step] ¡cuidado con el escalón!
mind your bag! [maind ior bag] ¡vigile su bolso!
mind your head! [maind ior jed] (delante de una puerta baja) ¡cuidado con la cabeza!

mind [maind] mente

mine [main] mío(a)

mini [mini] minifalda

minigolf [minigolf] minigolf

minimum [minimom] mínimo(a)
minimum charge [minimom charch] tarifa mínima
minimum fare [minimom feir] bajada de bandera

minister [ministAER] ministro(a)

ministry [ministri] ministerio

mint [mint] menta

minute [minAEt] minuto

mirror [mirAEr] espejo

misery [miseri] miseria

mist [mist] neblina

mistake [misteic] error
by mistake [bai misteic] por error

misunderstanding [misonderstandin] malentendido

mixture [mixtiur] mezcla

mobile [moubail] (teléfono) móvil

model [modAEl] modelo

modern [modAErn] moderno(a)

mom [mom] mamá

moment [moument] momento
one moment, please [uan moument plis] un momento, por favor

monarchy [monAErqui] monarquía

monastery [monastri] monasterio

Monday [mondei] lunes

money [moni] dinero

month [monz] mes

monthly [monzli] mensual

monument [moniumAEnt] monumento

moon [mún] luna

moped [mouped] motocicleta

more [mor] más
more or less [mor or les] más o menos

moreover [morovAEr] además

morning [morning] mañana

in the morning [in de morning] por la mañana
mosque [mosc] mezquita
mosquito [mosquitou] mosquito
motel [motel] motel
mother [mozaer] madre
motive [moutiv] motivo
motorbike [mouterbaik] moto
motorway [motoruei] autopista
mountain [mauntaen] montaña, monte
mountain range [mauntaen reinch] cordillera
mountaineering [mautaeniring] alpinismo
mouse [maus] ratón
mouth [mauz] boca, desembocadura
move [mouv] mover
movement [muvmaent] movimiento
movie [mouvi] filme, película
Mr. [mister] don, señor
Mrs. [mises] (mujer casada) doña, señora
Ms. [mits] (mujer casada o soltera) señora, señorita
much [moch] (en preguntas y negativas) mucho(a)
mudguard [modgard] guardabarros
mug [moeg] tazón
mug [moeg] atracar
mum [moem] mamá
mummy [moemi] mamá
municipality [miunisipaliti] municipio

museum [miusium] museo
music [miusic] música
music bar [miusic bar] pub
musical [miusiquel] musical
muslim [moslim] musulmán(a)
must [most] (obligación) deber
mustard [mostaerd] mostaza
my [mai] mi

N

nail [neil] uña
naked [neiqued] desnudo(a)
name [neim] nombre
nap [nap] siesta
nape [neip] nuca
napkin [napkin] servilleta
nappy [napi] pañal
narrow [narou] estrecho(a)
national [nashonel] nacional
National Identity Card [nashonel aidentiti card] DNI
nationality [nashonaliti] nacionalidad
natural [natiurael] natural
nature [neitiur] naturaleza
nausea [nosia] náusea
navel [neivael] ombligo
near [nír] cerca
nearly [nírli] casi
necessary [nesaesaeri] necesario(a)
neck [nec] cuello
necklace [necleis] collar
need [nid] necesitar
needle [nidael] aguja
neighbour [neibaer] vecino(a)

Ne

neighbourhood [neiborhud] barrio

neither [naizAER] tampoco

neither... nor [naizer... nor] ni... ni

nephew [nefiu] sobrino

nerve [nAErv] nervio

nervous [nAErvos] nervioso(a)

net [net] (de pescar, de tenis) red

network [netuerc] red

never [nevAER] nunca, jamás

new [niu] nuevo(a)

news [nius] noticias

newspaper [niuspeipAER] periódico

newspaper stand [niuspeipAER stand] quiosco

newspapers [niuspeipAErs] prensa

next [next] próximo(a), siguiente

nice [neis] simpático(a), agradable

niece [nis] sobrina

night [nait] noche; nocturno(a)

nightdress [naitdres] camisón

nightfall [naitfol] anochecer

no [no] no

no exit [no exit] sin salida

no parking [no parquin] prohibido aparcar

no smoking [no smouquin] prohibido fumar

no trespassing [no trespasing] prohibido el paso

no vacancies [no veiquencis] (hotel, pensión) completo

nobody [noubodi] ninguno(a), nadie

noise [nois] ruido

noisy [noisi] ruidoso(a)

none [noen] ninguno(a)

noon [nun] mediodía

normal [normel] corriente, normal, regular

north [norz] norte

north east [norz ist] noreste

nose [nous] nariz

note [nout] (mensaje) nota

notebook [noutbuk] libreta

nothing [nozin] nada

notice [noutis] aviso, letrero

notions [noushAEns] mercería

novel [novAEl] novela

November [november] noviembre

now [nau] ahora (cine, teatro)

now showing [nau shouing] en cartelera

nudist [nudist] nudista

nudist beach [nudist bich] playa nudista

nuisance [niusans] molestia, vaina

number [nombAER] número

passport number [pasport nombAER] número de pasaporte

registration number [reshistreishon nombAER] (coche) número de matrícula

room number [rum nombAER] (hotel) número de habitación

nurse [nAErs] enfermero(a)

nursery [nerseri] guardería

O

OAP (old age pensioner) [o-ei-p (ould eich penshonAER] jubilado(a)

oar [or] remo

oasis [oasis] oasis

object [obchect] objeto

obligatory [obligatori] obligatorio(a)

observatory [obsAErvatri] observatorio

occasion [oqueishAEn] ocasión

occur [okoer] suceder

ocean [oushAEn] océano

Oceanic [ousianic] oceánico(a)

October [octouber] octubre

odd [od] raro(a), extraño(a); (número) impar

of [ov] del

offence [ofens] infracción

offer [ofAEr] oferta

  on special offer [on speshol ofAEr] de oferta

office [ofis] despacho, oficina

oil [oyel] aceite

  oil cruet [oyel cruet] aceiteras

ointment [ointmAEnt] pomada

okay [oquei] bien, de acuerdo, vale

old [ould] viejo(a)

older [oulder] mayor

olive [oliv] aceituna

on [on] en, sobre

  on (top of) [on top ov] encima de

one [uan] uno(a), algún(a)

oneself [uanself] (pronombre) se

one-way [uan-uei] (tiquet) ida

  one-way street [uan-uei strit] calle de sentido único

onion [onyen] cebolla

only [ounli] único(a); (solamente) sólo

open [oupen] abierto(a)

open [oupen] abrir

  open 'till late [oupen til leit] abierto hasta tarde

  open all day [oupen ol dei] no cerramos al mediodía

opening [oupenin] inauguración; (de calle) desembocadura

  opening soon [oupening sun] próxima apertura/ inauguración

opera [opera] ópera

opportunity [opAErtiuniti] oportunidad

opposite [oposit] (dirección) contrario(a); (posición) enfrente

optician [optishaen] oculista

optician's [optishAEns] óptica

orange [orinch] naranja

order [ordAEr] orden

  order [ordAEr] pedir

ordinary [ordeneri] (normal) corriente, normal

original [orichinAEl] original

otherwise [ozeruais] si

our [auer] nuestro(a)

ourselves [auerselvs] nos, nosotros mismos

out [aut] fuera

  out of order [aut ov ordAEr] no funciona

OU

outside [autsaid] afuera, fuera; exterior

outskirts [autskerts] las afueras

oven [oven] horno

over [ouver] por encima de

over 18's/ 21's/25's [ouver eitins/tuenti-uans/tuenti-faivs] prohibida la entrada a menores de 18/21/25 años

overcast [ouvercast] (tiempo) cubierto(a)

owe [ou] (dinero) deber

owner [ouner] dueño(a), propietario(a)

P

pacifier [pasifayer] chupete

package [paquech] paquete

packet [paquet] paquete

page [peich] página

pain [pein] dolor

painkiller [peinkilAEr] analgésico

paint [peint] pintura

painted [peintAEd] pintado(a)

painting [peinting] cuadro, pintura

palace [palAEs] palacio

pale [peil] pálido(a)

pancreas [pancrios] páncreas

panties [pantis] bragas

pants [pants] pantalón

pantyhose [pantijous] medias

paper [peipAEr] papel

parade [pareid] (desfile) pase

parallel [paralel] paralelo(a)

paralytic [paralitic] paralítico(a)

parasol [parasol] parasol, sombrilla

parcel [parsel] paquete

pardon [pardAEn] perdón

pardon? [pardAEn] (al no entender) ¿cómo?

park [parc] aparcar, estacionar

park [park] parque

amusement park [amiusmAEnt park] parque de atracciones

national park [nashnAEl park] parque nacional

theme park [zim park] parque temático

waterpark [uotAErpark] parque acuático

parking [parquin] estacionamiento

parking lot [parquin lot] parking

parking space [parquin speis] (espacio) aparcamiento

no parking! [no parquin] ¡prohibido aparcar!

parliament [parlAEment] parlamento

part [part] pieza

participate [partisipeit] participar

partner [partnAEr] (persona) pareja; (negocios) socio(a)

party [parti] (reunión) fiesta; (político) partido

pass [pas] acercar

can you pass me the ashtray [can iu pas mi de ashtrei] ¿me acerca el cenicero?

pass [pas] salvoconducto; (transporte) bono

passenger [pasinchʌer] pasajero(a)

passport [pasport] pasaporte

passport control [pasport controul] control de pasaportes

pasta [pasta] (comida) pasta

pastries [peistris] pastelería

path [paz] camino, sendero, vereda

cycle path [saikol paz] carril bici

patio [patio] patio

patrol [patroul] patrulla

patrol boat [patroul bout] lancha patrullera

pavement [peivment] acera, banqueta

pavement café [peivmʌent café] terraza

pay [pei] pagar

to pay (in) cash [tu pei (in) cash] pagar al contado/en efectivo

to pay by credit card [tu pei bai credit card] pagar con tarjeta

payment [peiment] cobro, pago

pea [pi] guisante

peach [pich] melocotón

peak [pic] cima, cumbre, pico

pear [peir] pera

pedestrian [pedestrian] peatón(a)

pedestrian area [pedestrian eiria] zona peatonal

pedestrians only [pedestrians ounli] sólo peatones

pen [pen] bolígrafo

pencil [pensil] lápiz

peninsula [peninsiula] península

penis [pinoes] pene

pensioner [penshoner] jubilado(a)

people [pipol] gente; (de un país) pueblo

pepper [pepʌer] pimiento

perfect [perfect] perfecto(a)

perfume [perfium] perfume

perfumery [perfiumeri] (tienda) perfumería

perhaps [perjaps] quizás

period [pirioed] (tiempo) periodo; (menstruación) regla

permission [permishʌen] permiso

permit [permit] (documento) permiso

permit [permit] permitir

person [pʌerson] persona

personal [personʌel] (privado) personal

personnel [personel] (trabajadores) personal

peseta [peseita] peseta

petrol [petrʌel] gasolina

petrol station [petrʌel steishʌen] gasolinera

three-star petrol [zri-star petrʌel] gasolina súper

two-star petrol [tu-star petrʌel] gasolina normal

unleaded petrol [unleded petrʌel] gasolina sin plomo

pharmacist [farmasist] farmacéutico(a)

pharmacy [farmasi] farmacia
phone [foun] teléfono
phone call [foun col] llamada
phone card [foun card] tarjeta
telefónica
phone number [foun nombAER]
número de teléfono
phone [foun] llamar por
teléfono
phonebox [founbox] (de teléfono)
cabina
photo [fouto] foto
no photos allowed! [no foutos
alaud] ¡prohibido hacer
fotografías!
photocopy [foutoucopi]
fotocopia
photography [fotografi]
fotografía
piano [piano] piano
pickpocket [picpoquet]
carterista
beware of pickpockets!
[bigüer ov picpoquets] ¡cuidado
con los carteristas!
pick up [pic op] recoger;
(teléfono) descolgar
picnic [picnic] picnic
picnic area [picnic eiria] área
de picnic, merendero
picturesque [pictiuresc]
pintoresco(a)
piece [pis] pedazo, trozo
pied-à-terre [piedateir] (parada)
apeadero
pig [pig] cerdo
pile [pail] (montón) pila
pill [pil] comprimido, pastilla,
píldora

pillar [pilAER] pilar
pillow [pilo] almohada
pilot [pailot] piloto
pineapple [painapAEl] piña
ping pong [ping pong]
ping-pong
pink [pink] rosa
pipe [paip] cañería, tubería,
tubo; (tabaco) pipa
Pisces [paisis] piscis
pizzeria [pizzaria] pizzería
place [pleis] lugar, sitio
plague [pleig] (plaga) peste
plain [plein] (no estampado)
liso(a); (terreno) llanura,
planicie
plan [plan] plan
plane [plein] avión
plaster [plastAEr] tirita,
esparadrapo
plastic [plastic] plástico
plate [pleit] plato
plateau [plato] meseta
platform [platform] andén, vía
play [plei] jugar
pleased [plist] satisfecho(a)
plug [plog] (de un aparato)
enchufe; (de bañera) tapón
plum [plom] ciruela
plumber [plomAEr] fontanero(a)
pocket [poquet] bolsillo
point [point] punto; (extremo)
punta
poisoning [poisenin]
intoxicación
food poisoning [poisenin]
intoxicación alimenticia
poisonous [poisAEnAEs]
tóxico(a)

police [polis] policía
  police station [polis steishon] comisaría, cuartellillo
policeman, woman [polisman, uoman] policía
pond [pond] estanque
poo [pu] caca
poor [pur] pobre
poppy [popi] amapola
popular [popiulAEr] popular
population [popiuleishAEn] (habitantes) población
porcelain [porsalin] porcelana
pork [porc] (carne) cerdo
port [port] puerto, babor
portable [portabol] portátil
porter [porter] portero(a), conserje
portion [porshAEn] porción, ración
  children's portion [childrAEns porshAEn] ración para niños
  large/small portion [larch/smol porshAEn] ración grande/pequeña
possible [posiboel] posible
possiblility [posibíliti] posibilidad
post [poust] correo
  post office [poust ofis] oficina de correos
postbox [poustbox] (público) buzón
postcard [poustcard] postal
poster [pouster] cartel, póster
postman, woman [poustman, uoman] cartero(a)
potato [poteitou] patata
pottery [poteri] cerámica

pound [paund] libra
  Irish pound [airish paund] libra irlandesa
  Pound Sterling [paund stAErling] libra esterlina
practical [practiquel] práctico(a)
prairie [preiri] pradera
precaution [pricoshAEn] precaución
prefer [prifAEr] preferir
preferential [prefAErenshol] preferente
pregnant [pregnAEnt] embarazada
premiere [premieir] (de espectáculo) estreno
premises [premisis] (comercial) local
prepare [prepeir] preparar
prescription [priscripshAEn] (médica) receta
  on prescription [on prescripshon] con receta médica
present [presAEnt] regalo
president [presidAEnt] presidente(a)
press [pres] prensa
  press [pres] pulsar
  press here [pres jir] pulsè aquí
pressure [preshur] presión
pretty [priti] bonito(a); (mujer) guapa; (antes de un adjetivo) bastante
previous [privius] previo(a)
price [preis] precio
priest [príst] cura

private [praivAEt] personal, privado(a)

problem [problem] problema

product [product] producto

profession [profeshAEn] profesión

programme [prougram] programa

prohibited [projibitAEd] prohibido(a)

protest [protest] protestar
  protest [proutest] protesta

province [provins] provincia

pub [pob] bar

pubes [piubs] pubis

public [poblic] público(a)

pull [poel] tirar

pulse [pols] pulso

pump [pomp] (de baile, de verano) zapatilla

punctual [ponctual] puntual

puncture [ponctiur] pinchazo

punt [poent] (moneda) libra irlandesa

purse [pers] monedero

push [posh] empujar

put [pot] meter, poner

pyjama [pishama] pijama

pyramid [piramid] pirámide

Q

quaint [cueint] pintoresco(ca)

quarter [quorter] cuarto(a)
  a quarter of an hour [a quortAEr of an auer] un cuarto de hora

quay [qui] (del puerto) muelle

queen [cuin] reina

question [cuestyoen] pregunta

queue [ciu] hacer cola
  please queue other side [plis ciu ozer said] hacer cola por el otro lado, por favor

queue [ciu] cola

quick [cuik] rápido(a)

quickly [cuicli] deprisa

quickly [cuikli] rápido

quiet [cuaiet] tranquilo(a); (parado) quieto(a)

quilt [cuilt] edredón

quite [quait] bastante

quotation [quoteishAEn] presupuesto

R

race [reis] carrera

racket [raquet] raqueta

racquet [raquet] raqueta

radiator [reidieitAEr] radiador

radio [reidio] radio
  radio station [reidio steishon] emisora de radio
  radiocasette player [reidiocaset pleiyer] radiocasete

raffle [rafAEl] (rifa) sorteo

railroad [reilroud] ferrocarril

railway [reiluei] ferrocarril

rain [rein] llover
  rain [rein] lluvia
  rain jacket [rein chaquet] chubasquero

raincoat [reincout] gabardina, impermeable

rainy [reini] lluvioso(a)

rare [reir] (excepcional) raro(a); (bistec) poco hecho

rash [rash] (de piel) erupción, sarpullido

rat [rat] rata

rate [reit] tarifa

cheap rate [chip reit] tarifa barata

night rate [nait reit] tarifa nocturna

special rates for students/ young people/OAP's [speshael reits for stiudaents/iong pipol/O Ei P's] tarifas especiales para estudiantes/jóvenes/ jubilados

raw [ro] crudo(a)

ray [rei] rayo

UVA rays [iu vi ei reis] rayos UVA

X-rays [ecs-reis] rayos X

read [riid] leer

read the instructions carefully [riid de instrocshaens querfuli] lea detenidamente las instrucciones

real [riol] real

rear [rier] (en espacio) posterior

rear [rier] trasero(a)

reason [rison] motivo, razón

receipt [resít] comprobante, recibo(tienda)

articles changed only with receipt [artikols cheincht ounli wiz risít] cambio de artículos, sólo con el comprobante

keep your receipt [kip ior risít] guarde el recibo

receive [resiv] recibir

receiver [resiver] (de teléfono) auricular

recently [risentli] hace poco, recientemente

reception [risepshaen] recepción

receptionist [risepshaenist] recepcionista

recipe [resipi] (de cocina) receta

recommend [recomend] recomendar

record [record] disco

red [red] rojo(a)

reduce [ridius] reducir

reduced [riduist] reducido(a)

refill [rifil] recambio

refrigeration [rifrichaereishon] refrigeración

refrigerator [refrichereitor] frigorífico

refuge [refiuch] refugio

refund [rifond] (dinero) reembolso

no refund on sales items [no rifond on seils aitems] no se reembolsan los artículos rebajados

region [ríchaen] comarca, región

register [rechistaer] registro

register [rechistaer] matricularse, inscribirse

regret [rigret] sentir, lamentar

regular [regiulaer] regular

reimbursement [riemboersmaent] (gastos) reembolso

relation [rileishaen] relación; (persona) pariente

relationship [rileishaenship] (personal) relación

relax [rilacs] descansar

remove [rimuv] quitar

rent [rent] alquilar

  rent [rent] alquiler

  for rent [for rent] en alquiler

rented [rented] de alquiler

repair [ripeir] reparar

repeat [ripit] repetir

reply [tu riplai] responder, contestar

  there's no reply [zeirs no riplai] no contesta

  reply [riplai] respuesta

republic [ripoblic] república

rescue [resciu] socorrer

reservation [resaerveishon] reserva

reserve [riserv] reservar

reserved [riservt] reservado(a)

reservoir [reservoir] embalse

residence [residens] domicilio

resident [residaent] residente

  resident's permit [residaents permit] permiso de residencia

resolve [risolv] (disputa) solucionar

respect [respect] respeto

rest [rest] descansar

  rest [rest] reposo; resto

restaurant [restaeront] restaurante

restroom [restrum] servicio, lavabo, aseo

return [ritern] regresar, volver, devolver

  return [ritern] (regreso) vuelta

rib [rib] costilla

rice [rais] arroz

  brown rice [braun rais] arroz integral

rich [rich] rico(a)

ride [raid] (en caballo, en bicicleta) paseo

right [rait] derecho(a)

  on the right [on de rait] a mano derecha

rigid [richid] rígido(a)

ring [ring] anillo, sortija

  ring road [ring roud] cinturón

ring [ring] llamar

Riojan [riojan] riojano(a)

ripe [raip] maduro(a)

rise [rais] incremento, subida

  rise [rais] (precio) subir

risk [risc] riesgo

river [rivaer] río

riverbank [riverbanc] (del río) orilla

road [roud] carretera, calle, vía

  A road [ei roud] carretera nacional

  B road [Bi roud] carretera comarcal

  road closed [roud cloust] calle/carretera cerrada

  road works ahead! [roud uerks ajed] ¡carretera en obras!

rob [rob] atracar

robber [robaer] ladrón(a)

robbery [roberi] atraco, robo

rock [roc] roca

rod [rod] caña

roll [roul] rollo

  roll of film [roul ov film] carrete

roller [roulaer] rulo

roof [ruf] techo, tejado

room [rum] habitación, sala, cuarto; (espacio) sitio
single/double room [singAEl/dobel rum] habitación individual/doble
waiting room [ueiting rum] sala de espera
rooster [ruster] gallo
rope [roup] cuerda
rose [rous] (flor) rosa
roulette [rulet] ruleta
round [raund] redondo(a); (esperando) turno; (en espacio) alrededor de, cerca de
roundabout [raundabaut] rotonda, glorieta
route [rut] recorrido, ruta
row [rou] fila
row [rou] remar
royal [royAEl] (monarquía) real
rubber [robAEr] goma
rubbish [robish] basura
rucksack [roecsac] mochila
rude [ruud] grosero(a)
rug [roeg] alfombra
rugby [rugbi] rugbi
ruin [ruin] estropear
ruins [ruins] ruinas
rule [rul] regla
run [rAEn] correr
run out [ron aut] (agotar) terminarse
rural [rurAEl] rural

S

saccharine [sacarin] sacarina
safe [seif] seguro(a)

safe-conduct [seif-condoct] salvoconducto
safety [seifti] seguridad
safety pin [seifti pin] imperdible
Sagittarius [sacheteirius] sagitario
sail [seil] navegar
sail [seil] (en embarcación) vela
sailing [seiling] (deporte) vela
sailing boat [seiling bout] velero
saint [seint] santo(a)
sale [seil] venta
sales [seils] rebajas, saldos
closing down sale [clousing daun seil] liquidación por cierre
half-price sale [jaf preis seil] todo a mitad de precio
summer/winter sales [somer/uintAEr seils] rebajas de verano/invierno
saline [seilain] salina
salt [solt] sal
bath salts [baz solts] sales de baño
liver/fruit salts [livAEr/frut solts] sal de frutas
saltmine [soltmain] (mina) salina
salty [solti] (demasiado) salado(a)
sampling [samplin] degustación
sanatorium [sanataurium] enfermería
sanctuary [sanctiuari] santuario
sand [sand] (de playa) arena
sandal [sandAEl] sandalia

 Sa

sandwich [sanuich] bocadillo
satisfied [satisfaid]
  satisfecho(a)
Saturday [satAErdei] sábado
sauna [soena] sauna
savoury [seivori] (comida)
  salado(a)
saw [so] sierra
say [sei] decir
  say goodbye [sei gudbai]
  despedirse
  say sorry [sei sori] disculparse
scale [sceil] escala
scarce [squers] escaso(a)
scare [squeir] susto
scarf [scarf] bufanda
scenery [sineri] paisaje
schedule [shediul] horario
scissors [sisAErs] tijeras
scooter [scutAer] motocicleta
Scorpio [scorpio] (horóscopo)
  escorpión
scorpion [scorpion] escorpión
Scotch [scotch] escocés(a);
  (bebida) whisky escocés
Scotland [scotland] Escocia
Scottish [scotish] escocés(a)
scratch [scratch] rasguño
screen [scrin] pantalla
screw [scru] tornillo
screwdriver [scrudraiver]
  destornillador
scubadive [scuba daiv] bucear
sea [si] mar
seaplane [siplein] hidroavión
search [soerch] (inspección)
  registro
seashore [sishor] (del mar)
  orilla

season [sison] temporada
  high/low season [jai/lou sison]
  temporada alta/baja
  season ticket [sison tiquet]
  abono
seasonal [sisonAEl] de la
  temporada
seat [sit] asiento, plaza
second [secAend] segundo
secretary [secroeteri]
  secretario(a)
section [secshAen] sección
secure [seciur] seguro(a)
security [seciuriti] seguridad
  social security [soshAEl seciuriti]
  seguridad social
sedative [sedativ] calmante
see [si] ver
seen [sin] visto(a)
self-service [self servis]
  autoservicio
sell [sel] vender
send [send] enviar, mandar
sender [sendAEr] remitente
senior: senior citizen [sinier
  sitisen] jubilado(a)
sense [sens] sentido
sensitive [sensAEtiv] sensible
separate [sepAEreit] separar
September [september]
  septiembre
serious [sirius] grave, serio(a)
seriously [siriusli] verdad
serve [serv] (cliente) atender,
  despachar, servir
  serve yourself [serv iorself]
  sírvase usted mismo
service [servis] servicio
serviette [serviet] servilleta

session [seshAEN] (cine) sesión

set [set] conjunto

several [sevrAEl] varios(as)

severe [sAEvir] (normas, carácter) rígido(a)

sew [sou] coser

shade [sheid] sombra

shades [sheids] gafas

shadow [shadou] sombra

shame [sheim] lástima

shampoo [champú] champú

shaving: **shaving foam** [sheiving foum] espuma de afeitar

she [shi] (como sujeto) ella

sheet [shiit] sábana; (de papel) hoja

  to change the sheets [tu cheinch de shiits] cambiar las sábanas

shelf [shelf] estantería; (de terreno) rellano

shelter [sheltAEr] refugio

shift [shift] (trabajo) turno

ship [ship] (grande) barco

shirt [shert] camisa

shit [shit] mierda

shock [shoc] conmoción

shoe [shu] zapato

  shoe shop/store [shu shop/stor] zapatería

shoemaker [shumeiquier] zapatero(a)

shop [shop] tienda

  shop assistant [shop asistant] dependiente(a)

shopping [shopin] compra

  shopping centre/mall [shoping sentAEr/maul] centro comercial

short [short] bajo(a); (distancia) corto(a)

short-sighted [short-saited] miope

shoulder [shoulder] hombro

shout [shaut] gritar

show [shou] espectáculo; (cine) sesión

show [shou] mostrar, enseñar

shower [shauer] ducha

shower [shauer] ducharse

showing [shouing] proyección, pase

shrine [shrein] santuario

shutter [shoter] persiana

shuttle [shotAEl] transbordador

sick [sic] enfermo(a)

  sick bay [sic bei] enfermería

side [said] lado; lateral

sidewalk [saidgüoc] acera, banqueta, vereda

siesta [siesta] siesta

sign [sain] firmar

  sign here [sain jir] firmar aquí

sign [sain] indicación, letrero, rótulo

signal [signAEl] señal

signature [signatiur] firma

silence [sailens] silencio

  silence, please! [sailens, plis] ¡silencio, por favor!

silk [silk] seda

  pure silk [piur silk] seda natural

silly [sili] tonto(a)

silver [silvAEr] plata

  sterling silver [sterling silvAEr] plata de ley

simple [simpol] sencillo(a)

since [sins] (temporal) desde;
(causal) como, puesto que
sincere [sinsir] sincero(a)
sing [sing] cantar
single [singᴀᴇl] (cama, habitación)
individual; (billete)
sencillo(a); (persona)
soltero(a)
sink [sinc] hundirse
Sir [sir] señor
sister [sistaᴇr] hermana
sister-in-law [sistaᴇr-in-lo]
cuñada
sit down [sit daun] sentarse
  may I sit down? [mei ai sit
  daun?] ¿puedo sentarme?
  sit down! [sit daun] ¡siéntese!
site [sait] yacimiento
size [sais] talla, tamaño
skate [squeit] patín
ski [squi] esquí
  ski [squi] esquiar
skid [scid] derrapar
skiing [squiin] (deporte) esquí
  cross-country skiing [cros-
  contri squiin] esquí de fondo
  water-skiing [uotaᴇr-squiin]
  esquí acuático
skimmed [squimt]
descremado(a),
desnatado(a)
skin [skin] piel
skinny [scini] flaco(a)
skirt [skert] falda
ski-tow [squi-tou] telearrastre
skittles [squitels] bolos
sky [skai] cielo
skyscrapers [scaiscreipaᴇrs]
rascacielos

sleep [slip] dormir
sleeping: sleeping bag [sliping
  bag] saco de dormir
  sleeping tablet/pill [sliping
  tablᴀᴇt/pil] somnífero
sleeve [sliv] manga
  short/long sleeved [short/long
  slivt] manga corta/larga
slice [sleis] rodaja, rebanada,
loncha
sliced [sleist] en
rodajas/lonchas
slip [slip] resbalar
slipper [slipaᴇr] zapatilla
slope [sloup] cuesta, subida;
(de montaña) ladera
slow [slo] lento(a)
slowly [slouli] despacio
small [smol] pequeño(a)
smell [smel] oler
  smell [smel] olor
smile [smail] sonreír
  smile [smail] sonrisa
smoke [smouc] fumar
  smoke [smouc] humo
smoker [smouquer] fumador(a)
smoking: no smoking area [no
  smoquin eiria] zona de no
  fumadores
  smoking area [smoquin eiria]
  zona de fumadores
smooth [smuz] liso(a)
snake [sneic] serpiente
sneeze [sniis] estornudo
  sneeze [sniis] estornudar
snore [snor] roncar
snow [snou] nevar
  snow [snou] nieve
so [so] con que; entonces; tan

soap [soup] jabón
sober [soubAEr] sobrio(a)
society [sosayeti] sociedad
socket [soquet] (en la pared)
enchufe
socks [sox] calcetines
sofa [soufa] sofá
  sofa bed [soufa bed] sofá cama
soft [soft] suave
  soft drink [soft drinc] refresco
solarium [soleirium] solarium
sold: sold out [sould aut]
agotado
soldier [soldier] soldado
solicitor [solisitor] abogado(a)
solution [solushon] solución
solve [solv] solucionar
some [som] algo; algunos(as)
someone [somuan] alguien
something [somzin] algo
son [son] hijo
song [song] canción
soon [sun] pronto
soother [suzer] chupete
sort [sort] tipo
sound [saund] sonido
source [sors] fuente
south [sauz] sur
southeast [sauzist] sureste
southwest [sauzuest] suroeste
souvenir [suvenir] recuerdo
spacious [speishus] amplio(a),
espacioso(a)
spade [speid] pala
Spain [spein] España
Spanish [spanish] español(a)
spare [speir] repuesto
speak [spik] hablar
speed [spid] velocidad

speed limit [spid limit] límite
de velocidad
  observe speed limit at all
  times! [obsAErv spid limit at ol
  taims] ¡prohibido superar el
  límite de velocidad!
  reduce speed [ridius spid]
  reducir la velocidad
spell [spel] deletrear
  can you spell your name?
  [can iu spel ior neim] ¿me
  deletrea su nombre?
spend [spend] gastar
spider [spaider] araña
spinach [spinAEch] espinaca
spine [spain] espina dorsal
sponge [sponch] esponja
spoon [spún] cuchara
sport [sport] deporte
  sports centre [sports sentAEr]
  polideportivo
spot [spot] (en piel) grano
spouse [spaus] cónyuge,
esposo(a)
spring [spring] manantial;
(reloj) muelle; (estación del año)
primavera
square [squeir] cuadrado(a);
(lugar) plaza
squash [squash] squash
stadium [steidium] estadio
staff [staf] (trabajadores)
personal
stain [stein] mancha
stairs [steirs] escalera
stamp [stamp] (de correos) sello
star [star] estrella
start [start] principio
  start [start] empezar

starter [startʌɛr] (comida)
entrante
state [steit] estado
station [steishon] estación
 bus station [bos steishon]
estación de autobuses
 service station [servis steishon]
estación de servicio
 underground/train station
[onderground/trein steishon]
estación de metro/
ferrocarril
statue [statiu] estatua
stay [stei] alojarse,
hospedarse, quedarse
steal [stil] robar
steering [stiirin] (de un vehículo)
dirección
 power steering [pauer stiirin]
dirección asistida
step [step] paso
stereo [sterio] cadena de
música
stern [stʌɛrn] popa
steward [stiuerd] auxiliar (de
vuelo)
stewardess [stiuerdes] azafata
stick [stic] palo
still [stil] aún, todavía; (parado)
quieto(a)
sting [sting] (de abeja, avispa)
picadura
 sting [sting] (picadura) picar
stink [stink] (mal olor) peste
stockings [stoquins] panty,
medias
stomach [stomʌɛc] estómago
 stomach infection [stomac
infeshon] colitis

stomachache [stomʌɛceic]
dolor de estómago
stone [stoun] piedra
stool [stul] taburete
stop [stop] parada
 bus stop [bos stop] parada de
autobús
 stop sign [stop sain] (señal de
tráfico) stop
 last stop [last stop] última
parada
 stop [stop] parar
stopover [stopouver] (en un viaje)
escala
 to stop over [tu stop ouver]
hacer escala
stopper [stoper] (botella) tapón
store [stor] tienda
storm [storm] tormenta
straight [streit] (pelo) liso(a);
(dirección) recto(a)
 straight through [streit zru]
(tren) directo
 straight ahead [strait ajed]
todo recto
strait [streit] estrecho
strange [streinch] (extraño)
raro(a)
strawberry [stroberi] fresa
stream [strim] torrente
street [strit] calle
 one-way street [uan-guei strit]
calle de sentido único
 pedestrian street [pedestrian
strit] calle peatonal
 street map [strit map] callejero
 street market [strit marquet]
mercadillo
streetcar [stritcar] tranvía

strength [strengz] fuerza

strike [streic] huelga

string [strin] cuerda

stripey [straipi] a rayas

strong [strong] fuerte

student [stiudent] alumno(a), estudiante

study [stodi] estudiar

stupid [stiupid] tonto(a)

subsequent [sobsequent] (tiempo) posterior

subtitle [sobteitael] subtítulo

subtraction [sobtracshaen] resta

suburbs [sobaerbs] afueras

subway [sobuei] (transporte) metro

such [soech] tal

sucre [sucrei] sucre

suddenly [sodaenli] de repente

suffocation [sofoqueishon] sofoco

sugar [shogaer] azúcar

sugar free [shogaer fri] sin azúcar

suit [sut] traje

suitcase [sutqueis] maleta

suite [suit] suite

summer [somer] verano

summit [somaet] cima

sun [son] sol

sun lounger [son launcher] tumbona

Sunday [sondei] domingo

sunglasses [songlases] gafas de sol

sunny [soni] soleado(a)

sunshade [sonsheid] sombrilla

sunstroke [sonstrouc] insolación

suntan: suntan lotion/cream [sontan loshon/crim] bronceador

super [supaer] súper

supermarket [supermarquet] supermercado

supplement [soplemaent] suplemento

suppository [soposaetri] supositorio

sure [siur] (definitivo) seguro(a); (de acuerdo) ¡bien!, ¡vale!

surfing [saerfing] surf

surname [serneim] apellido

surprise [saerprais] sorpresa

surround [soeraund] rodear

sweat [suet] sudar

sweater [suetaer] jersey, suéter

sweet [suit] dulce

swelling [suelin] inflamación

swim [suim] nadar

swimming [suimin] natación

swimming pool [suiming pul] piscina

swimming trunks [suiming troncs] (de hombre) bañador

no swimming without a swimming cap [no suimin wizaut a suimin cap] ¡prohibido bañarse sin gorro!

no swimming! [no suimin] ¡prohibido bañarse!

swimsuit [suimsut] (para mujeres) bañador

swindel [suindoel] timo

switch [suitch] interruptor

switchboard [suitchbord] centralita

switch off [suitch of] apagar

switch on [suitch on] encender
symptom [simtom] síntoma
syringe [serinch] jeringuilla
syrup [sirop] jarabe, almíbar

T

table [teibol] mesa
tablecloth [teibolcloz] mantel
tableland [teiboland] meseta
tablet [tablet] comprimido, pastilla
tailor [teilor] sastre(a)
take [teic] tomar, coger; (viaje) durar; (café, algo de comer) tomar; (en coche, taxi) llevar
take away [teic auei] llevarse
take care of [teic queir ov] (cliente) atender, cuidar
take off [teic of] despegar
talc [talc] talco
 talcum powder [talcom pauder] polvos de talco
tall [toul] (persona) alto(a)
tampon [tampon] tampón
tan [tan] broncearse
 to get a tan [tu guet a tan] ponerse moreno
tandem [tandem] (bicicleta) tándem
tank [tanc] (gasolina) depósito
tanned [tant] (del sol) moreno(a)
tap [tap] grifo
tape [teip] cinta
tariff [tarif] arancel
tartan [tarten] (tejido) escocés(a)

taste [teist] (buen, mal) gusto; (comida) sabor
tasteless [teistles] soso(a)
tasting [teistin] degustación
 wine tasting [uain teistin] degustación de vinos
tasty [teisti] sabroso(a)
Taurus [torus] tauro
tavern [tavaɛrn] taberna
tax [tax] impuesto
 tax free [tax fri] libre de impuestos
 tax free shopping [tax fri shopin] tienda libre de impuestos
taxi [taxi] taxi
 taxi driver [taxi draiver] taxista
 taxi fare [taxi feir] tarifa
taximeter [taximitaɛr] taxímetro
teach [tich] enseñar
teacher [tichaɛr] profesor(a)
teapot [tipot] tetera
teaspoon [tispún] cucharilla
telegram [telegram] telegrama
telephonist [telefonist] telefonista
television [televishon] televisión
 cable TV [queibol tivi] televisión por cable
 satellite TV [satelait tivi] televisión vía satélite
tell [tel] decir, contar
telly [teli] tele
temperate [temperaɛt] (clima) templado(a)
temperature [tempratiur] temperatura

maximum/minimum temperature [maximom/minimom tempratiur] temperatura máxima/mínima

temple [tempael] sien; (edificio) templo

tennis [tenis] tenis

tepid [tepid] tibio(a)

terminal [terminal] (de aviones, autobuses) terminal

terrace [teraes] terraza

test [test] prueba

thank [zanc] agradecer

thanks [zancs] gracias

thank you [zanc iu] gracias

that [zat] esa, ese, eso; (conjunción) que

the [de] el, la, lo, los, las

theatre [ziataer] teatro

theft [zeft] robo

them [zem] ellas, ellos

there [zeir] allí, ahí

around there [around zer] por allí

thermometer [zermometaer] termómetro

thermos [zermos] termo

these [ziis] estos, estas

they [zei] (sujeto) ellas, ellos

thick [zic] espeso(a)

thief [zif] ladrón(a)

thin [zin] delgado(a), flaco(a)

thing [zin] cosa

think [zinc] creer, pensar

third [zerd] tercera

this [zis] esta, este, esto

those [zous] aquellos(as); (pronombre) los

thread [zred] hilo

throat [zrout] garganta

through [zru] mediante

thunder [zondaer] trueno

Thursday [zursdei] jueves

tick [tic] garrapata

ticket [tiquet] billete, boleto

one-way ticket [uan-uei tiquet] billete de ida

return ticket/round-trip ticket [ritaern tiquet/raundtrip tiquet] billete de ida y vuelta

ticket office [tiquet ofis] taquilla, ventanilla

ticket inspector [tiquetinspectaer] revisor

tight [tait] estrecho(a)

tights [taits] medias, panty

time [taim] tiempo, hora; vez

in time [in taim] a tiempo

on time [on taim] puntual

timetable [taimteibol] horario

summer/winter timetable [somer/uintaer taimteibol] horario de verano/invierno

tin [tin] lata

tin-opener [tin oupener] abrelatas

tip [tip] propina; punta

tired [taierd] cansado(a)

to [tu] a

tobacco [taebacou] tabaco

dark/Virginia tobacco [dark virshinia taebacou] tabaco negro/rubio

tobacconist's [tobaconists] estanco

today [tudei] hoy

toe [tou] (del pie) dedo
together [tugezAEr] junto(a)
toilet [toilet] lavabo, servicios, aseos
toll [toul] peaje
tollway [touluei] autopista de peaje
tomato [tomatou] tomate
tomorrow [tumorou] mañana
  the day after tomorrow [de dei aftAEr tumorou] pasado mañana
tongue [tong] lengua
too [tu] también; (delante de un adjetivo) demasiado(a)
tools [tuuls] herramientas
tooth [túz] diente
toothbrush [túzbroesh] cepillo de dientes
toothpaste [túzpeist] dentífrico
toothpick [túzpic] palillo
topless [toplAEs] topless
torrent [torAEnt] torrente
total [toutAEl] total, importe
touch [toch] tocar
  please don't touch! [plis dount toch] ¡no tocar, por favor!
tough [toef] duro(a)
tourism [turism] turismo
tourist [turist] turista
  tourist class [turist clas] clase turista
  tourist information office [turist informeishon ofis] oficina de turismo
touristy [turisti] turístico(a)
towards [touords] hacia
towel [tauel] toalla
tower [tauer] torre

  control tower [controul tauer] torre de control
town [taun] ciudad, pueblo, población
  Town Hall [taun jol] ayuntamiento
  town council [taun caunsil] (corporación) municipio
tow-truck [tou-troc] grúa
toxic [toxic] tóxico(a)
toy [toi] juguete
toyshop [toishop] juguetería
track [trac] pista; (de tren, metro) vía, andén
  keep off the tracks! [kip of de tracs] manténgase alejado de las vías
tradition [tradishon] tradición
traffic [trafic] (tráfico) circulación, tráfico
  traffic circle [trafic sercol] rotonda, glorieta
  traffic jam [trafic cham] caravana, embotellamiento
  traffic lights [trafic laits] semáforo
trailer [treiler] remolque, roulotte
train [trein] tren
  express train [expres trein] tren expreso
  high speed train [jai spid trein] tren de alta velocidad
  suburban train [sobAErboen trein] tren de cercanías
trainers [treiners] zapatilla
tram [tram] tranvía
transfer [transfAEr] transbordo; (dinero) transferencia

translate [transleit] traducir

transport [transport] transporte

trash basura

trashcan [trashcan] cubo de basura

travel [travel] viajar

  travel agency [travel eichenci] agencia de viajes

treat [trit] tratar

treatment [trítment] cura

trekking [treking] senderismo

trick [tric] timo

trip [trip] viaje, excursión

  have a good trip! [jav a gud trip] ¡buen viaje!

tripod [traipod] trípode

trousers [trausAErs] pantalón

truck [troc] camión

true [tru] verdadero(a)

trunk [tronc] maletero, baúl

truth [truz] verdad

try [trai] probar, intentar

  try again [trai agein] intente de nuevo

T-shirt [tishsert] (de verano) camiseta

tube [tiub] tubo

Tuesday [tiusdei] martes

tulip [tiulip] tulipán

tunnel [tonAEl] túnel

turn [tAErn] girar

  turn right/left [tern rait/left] gire a la derecha/izquierda

turn [tAErn] (en carretera) curva; (situación) cambio; (esperando) turno

turning [tAErnin] bocacalle

turn off [tAErn of] apagar

turn on [tAErn on] encender

tuxedo [toxido] esmoquin

TV [tivi] televisión, tele

  cable TV [queibol tivi] televisión por cable

  satellite TV [satelait tivi] televisión vía satélite

tweezers [tuisers] (de depilar) pinzas

twins [tuins] (hermanos) gemelos

type [taip] tipo

tyre [tair] neumático

  tyre chains [tair cheins] cadenas

U

ugly [ogli] feo(a)

umbrella [ombrela] paraguas

uncle [onquel] tío

uncomfortable [oncomftabol] incómodo(a)

under [onder] bajo, debajo de

underground [ondergraund] (transporte) metro

underneath [onderniz] debajo

underpants [ondAErpants] calzoncillos

understand [onderstand] entender

unique [iunic] (excepcional) único(a)

unite [iunait] juntar

United States [iunaited steits] Estados Unidos

United States citizen [iunaited steits sitisen] estadounidense

unpack [onpac] deshacer la maleta

unpleasant [onplesАЕnt] desagradable

until [ontil] hasta

unusual [uniusual] (excepcional) raro(a)

up [op] arriba
 to go up [to gou op] ir hacia arriba

upper [opАЕr] superior

upset [opset] malestar

urban [oerban] urbano(a)

urgent [oerchАЕnt] urgente

us [us] nos, nosotros(as)

USA [iu es ei] EE UU

use [tu yus] usar, utilizar

useful [iusfol] útil

V

vacation [veiqueishon] vacaciones

vaccination [vaxineishon] vacuna

valley [vali] valle

value [valiu] valor
 great value! [greit valiu] ¡a buen precio!

van [van] camioneta, furgoneta

vase [vaas] florero, jarrón

VAT [vat] IVA

veal [viil] (carne) ternera

vegan [vigАЕn] vegetariano(a) estricto(a)
 suitable for vegans [sutabol for vigАЕns] indicado(a) para vegetarianos estrictos

vegetarian [vechetАЕrien] vegetariano(a)

vegetarian menu [vechetАЕian meniu] carta vegetariana
 suitable for vegetarians [sutАЕbol for vechetАЕrians] indicado para vegetarianos

vehicle [viacol] vehículo

venue [veniu] local

verge [verch] arcén

very [veri] muy

vest [vest] (ropa interior) camiseta; (US) chaleco

via [via] (preposición) vía

video [video] vídeo
 video camera [video camera] videocámara

view [viu] vista

viewing: viewing point [viuing point] mirador

village [vilАЕch] pueblo

vinegar [vinoegАЕr] vinagre

Virgo [vergou] virgo

virus [vairos] virus

visa [visa] visado

visit [visit] visita
 guided visits every hour [gaided visits evri auer] visitas guiadas cada hora

visit [visit] visitar

visitor [visitАЕr] visitante
 no visitors allowed! [no visitАЕrs alaud] ¡prohibidas las visitas!

visor [vaisАЕr] visera

voice [vois] voz

volcano [volqueinou] volcán

volume [volium] volumen

vomit [vomАЕt] devolver, vomitar

voucher [vaucher] bono

Un

W

wagon [uagAEn] (de mercancías) vagón

waist [ueist] cintura

waistcoat [ueistcout] chaleco

wait [ueit] esperar

waiter [ueitAEr] camarero

waitress [uietres] camarera

wake up [güeic op] despertar

Wales [ueils] País de Gales

walk [güoc] paseo

walk [güoc] pasear, andar

walking: walking tour [güoquing tur] excursión a pie

walkman [güocman] walkman

wall [uol] muro, pared; (de ciudad) muralla

wallet [uolet] cartera

want [uant] desear, querer

what can I do for you? [uat can ai du for iu] ¿qué desea?

war [uor] guerra

wardrobe [uordroub] ropero

warehouse [güerjaus] almacén

warm [güorm] templado(a)

warn [uorn] avisar

warning [uornin] aviso

wash [uash] lavar

hand wash only [jand uash ounli] sólo lavar a mano

washing: washing machine [uasshin mashin] lavadora

wasp [uasp] avispa

watch [uatch] (de pulsera) reloj

watch [uatch] ver, mirar; (estar atento) vigilar, tener cuidado

watch out! [uatch aut] ¡cuidado!, ¡vigila!

watchmaker's [uatchmeiquers] relojería

water [uotAEr] agua

waterfall [uotAErfol] cascada, catarata

watermelon [uotAErmelon] sandía

way [uei] manera, modo; (sendero) camino

no way [no uei] de ninguna manera

way in [uei in] entrada

way out [uei aut] salida

we [güi] nosotros(as)

weak [uik] flojo(a)

wealthy [uelzi] rico(a)

wear [güer] (ropa, gafas) llevar

weather [uezAEr] (clima) tiempo

wedding [uedin] boda

Wednesday [uensdei] miércoles

wee [güi] pipí

week [uik] semana

during the week [diurin de uik] entre semana

weekend [uikend] fin de semana

weekly [uikli] semanal

weigh [uei] pesar

welcome [güelcom] bienvenido(a)

well [güel] bien; (de agua) pozo

Welsh [uelsh] galés(a)

west [uest] oeste

wet [uet] mojado(a)

wet paint! [uet peint] ¡recién pintado!

what [uat] qué, que

wheelchair [güilcheir] silla de ruedas

wheel [güil] rueda

  front/back wheel [front/bac güil] rueda delantera/trasera

  spare wheel [speir güil] rueda de recambio

when [güen] cuando, cuándo

where [güer] donde, dónde

which [uich] (cosas) cual, que, cuál

while [guail] mientras

white [guait] blanco(a)

who [ju] quién

  who's calling? [jus coling] ¿quién es?

whole [joul] entero(a)

wholemeal [joulmil] (alimento) integral

whose [jús] (de una persona) cuyo(a); (en pregunta) ¿de quién?

wide [guaid] amplio(a), ancho(a)

widow [güidou] viuda

widower [güidouAER] viudo

win [uin] (premio, lotería) ganar

wind [uind] viento

  it's windy [its uindi] hace viento

window [güindou] ventana

  do not lean out of windows! [du not lin aut ov güindous] ¡prohibido asomarse por las ventanas!

windsurfing [uinserfing] windsurf

wing [güin] ala

winter [uinter] invierno

wish [uish] desear

  wish [uish] deseo

with [wiz] con

  with oneself [wiz uanself] consigo

without [wizaut] sin

wobbly [uobeli] (mueble) cojo(a)

woman [uomæn] mujer

wood [uud] bosque; (material) madera

wool [wul] lana

word [woerd] palabra

work [uerc] funcionar, trabajar

  work [uerc] trabajo

worker [uerquer] trabajador(a)

workshop [uerkshop] taller

world [uorld] mundo

worry [ueri] preocuparse

worse [uers] peor

wound [güund] herida

wrap up [rap op] envolver

  shall I wrap it up? [shal ai rap it op] ¿lo envuelvo para regalo?

wrist [rist] muñeca

write [rait] escribir

Y

yacht [iot] yate

year [yir] año

yellow [hielo] amarillo(a)

yes [ies] sí

  yes? [ies] (al teléfono) ¿diga?, ¿dígame?

yesterday [iersterdei] ayer

yet [iet] aún, todavía

you [iu] tú, ti, te, os, usted, vosotros

young [iong] juvenil

younger [ionguer] menor, más joven

your [ior] tu, vuestro(a)

yours [iors] tuyo(a), vuestro(a)

Z

zip [tsip] cremallera

 zip code [tsip coud] código postal

zone [tsoun] zona

zoo [ttszu] zoológico

zucchini [tsuquini] calabacín

Zu

Menú
Comida

almond [amond] almendra

almond tart [amond tart] tarta de almendra

anchovy [anchovi] anchoa

apple [apAEl] manzana

apple and gooseberry fool [apAEl and gusberi ful] mousse de manzana y grosella silvestre con nata

apple bread [apAEl bred] pan dulce de manzana

apple cake [apAEl queic] pastel de manzana

apple crumble [apAEl cromboel] compota de manzana con una pasta seca encima

apple fritter [apAEl fritAEr] buñuelo de manzana

apple mash [apAEl mash] puré de patata y manzana

apple stuffing [apAEl stofin] relleno a base de pan rallado y manzana

apple tart [apAEl tart] tarta de manzana

apple tart and custard [apAEl tart and costAErd] tarta de manzana y crema

apple tart and ice cream [apAEl tart and eis crim] tarta de manzana con helado de vainilla

apricot [eipricot] albaricoque

apricot and almond ful [eipricot and amond ful] mousse de albaricoques y almendras con nata

apricot jam [eipricot sham] mermelada de albaricoques

asparagus [asparagoes] espárrago

asparagus soufflé [asparagoes soufflé] soufflé de esparragos

assorted fresh fruit [asorted fresh frut] fruta variada

aubergine [obershin] berenjena

au gratin [o graten] gratinado(a)

avocado [avocadou] aguacate

avocado and lettuce soup [avocadou and letAEs sup] sopa de aguacate y lechuga

avocado prawn [avocadou praun] aguacate relleno de gambas y lechuga en salsa rosa

baby eel [beibi iil] angula

bacon [beicAEn] beicon

bagel [beiguel] bollo de pan en forma de rosca

baked alaska [beict alaska] bomba helada

baked apples [beict apAEls] manzanas asadas

baked beans [beict bins] alubias rojas en salsa de tomate

baked beans on toast [beict bins on toust] alubias rojas en salsa de tomate, servidas encima de tostadas (con mantequilla)

baked cod [beict cod] bacalao al horno

baked fish fillets [beict fish filets] filletes de pescado al horno

baked goose [beict gus] oca al horno

baked hake with parsley sauce [beict jeic wiz parsli sos] merluza al horno con salsa marinera

baked lobster [beict lobster] langosta al horno

baked mushrooms [beict moshrums] setas al horno rellenas de carne picada

baked potatoes [beict poteitous] patatas al horno

baked potato with cheese [beict poteitou wiz chiis] patata al horno con queso

baked potato with ham and mushroom filling [beict poteitou wiz jam and moshrum filing] patata al horno rellena de jamón y champiñones

baked potato with sour cream and chives [beict poteitou wiz sauer crim and chaivs] patata al horno rellena de nata agria y cebollino

baked salmon [beict samon] salmón al horno

baked sea bass [beict si bas] lubina al horno

baked sea bream [beict si brim] besugo al horno

baked stuffed tomatoes [beict stoft tomatous] tomates rellenos al horno

baked tuna [beict tiuna] atún al horno

baked turnips [beict tAerneps] nabos al horno con tocino

Bakewell tart [beicuel tart] tarta hecha de almendras, mermelada y azúcar en polvo

bamboo shoots [bambu shuts] brotes de bambú

banana [banana] plátano

banana bread [banana bred] pan dulce de plátano

banana fritter [banana fritAer] buñuelo de plátano

banana split [banana split] copa de helado de vainilla, plátano y salsa de chocolate

bangers and mash [bangAers and mash] salchichas y puré de patata

barbecue chicken [barbecui chiquen] pollo en salsa barbacoa

barbecued chicken [barbiciud chiquen] pollo a la parrilla

barbecued chicken wings [barbecuid chiquen wings] alitas de pollo a la barbacoa

barbecued sardines [barbecuid sardins] sardinas a la parrilla

barbecue spare ribs [barbeciu speir ribs] costillas de cerdo asadas con salsa barbacoa

barnacles [barnakels] percebes

basil [basil] albahaca

bay leaf [bei lif] laurel

bean burgers [bin bergAers] (comida vegetariana) hamburguesas de legumbres

bean loaf with walnut and cheese sauce [bin louf wiz ualnoet and chiis sos] pastel de legumbres con salsa de nueces y queso

beansprouts [binsprauts] brotes de soja

bean stew [bin stiu] fabada

bechamel sauce [bechamel sos] salsa bechamel

beef [bif] carne de vaca

beef bourgignonne [bif borginyon] estofado de ternera con vino tinto

beef broth [bif broz] caldo de carne

beef chop [bif chop] chuleta de ternera

beef curry [bif curri] ternera con salsa de curry

beef in Guiness [bif in guines] carbonada de buey con Guiness

beef sausages [bif sosiches] salchichas de ternera

beef stew [bif stiu] estofado de ternera

beef stew and dumplings [bif stiu and domplins] guisado de ternera con buñuelos

beef stroganoff [bif stroganof] estofado de ternera con salsa cremosa de champiñones

beetroot [bitrut] remolacha

beurre noir [ber noir] mantequilla con pimienta negra y zumo de limón

biscuit [bisquit] (UK) galleta

blackberry [blacberi] mora

blackberry jam [blacberi cham] mermelada de moras

blackberry tart [blacberi tart] tarta de moras

blackcurrant [blacorAent] casis, grosella negra

Black Forest Gâteau [blac forest gato] pastel de chocolate, nata y guindas

black olive [blac oliv] aceituna negra

black pepper [blac pAEper] pimienta negra

black pudding [blac pudin] morcilla

blueberry [bluberi] arándano

boiled [boilt] hervido

boiled bacon and cabbage [boilt beicAen and cabech] espalda de cerdo hervida con col

boiled ham [boilt jam] jamón York

boiled potatoes [bolit poteitous] patatas hervidas

boiled rice [boilt rais] arroz hervido

boned [bount] deshuesado

brains [breins] sesos

braised [breist] cocido(a) en caldo y especias al horno

braised calfs liver [breist cafs liver] hígado de ternera estofado

braised carrots and parsnips [breist carAets and parsnips] chirivías y zanahorias al horno

braised chicken [breist chiquen] pollo cocido al horno con caldo y verduras

braised chickens liver [breist chiquen liver] hígado de pollo estofado

205

braised hare with sour cream sauce [breist heir wiz sauer crim sos] liebre al horno con salsa de nata agria

braised onions [breist onyens] cebollas cocidas al horno con caldo y especias

braised pigs liver [breist pigs liver] hígado de cerdo estofado

braised quail [breist queil] estofado de codornices

braised rabbit [braist rabit] conejo estofado

brandy butter [brandi botAer] salsa de mantequilla y coñac que se come con el pudín típico navideño

brandy snaps [brandi snaps] galletas finas y crujientes con sabor a canela

bran muffin [bran mofin] mollete de salvado

Brazil nut [brasil noet] nuez de Brasil

bread and butter pudding [bred and botAer pudin] pudín de pan, mantequilla y pasas

breadcrumbs [bredcroms] pan rallado

bread roll [bred roul] panecillo

bread sauce [bred sos] salsa de pan rallado, cebolla, mantequilla y leche

bread stuffing [bred stofin] relleno a base de pan rallado, cebolla, mantequilla y perejil

bream [brim] besugo

breast of chicken [brest ov chiquen] pechuga de pollo

brie [bri] queso cremoso francés

broad bean [brod bin] haba

broccoli [brocoli] brécol

broiled duckling [broilt doclin] pato al horno (hecho sin grasa)

broth [broz] caldo

brown bread [braun bred] pan moreno

brownie [brauni] (US) pastelillo de chocolate y nueces

brown rice [braun rais] arroz integral

brussel sprouts [brosAel sprauts] coles de bruselas

bubble and squeak [bobel and squik] (UK) plato tradicional de carne de cerdo picada, patata y col fritas

bun [boen] bollo

butter [botAer] mantequilla

butter bean [botAer bin] judía blanca

buttered toast [boteAed toust] tostadas con mantequilla

cabbage [cabech] col

canapé [canapé] canapé

canneloni [caneloni] canelones

canteloupe melon [cantalup melon] melón pequeño y dulce

caper [queiper] alcaparra

caramel sauce [caramel sos] salsa de caramelo

carrot [caroet] zanahoria

carrot cake [caroet queic] pastel de zanahoria

cashew nut [cashiu noet] nuez de anacardo

casserole [caseroul] cazuela

cauliflower [coliflauer] coliflor

cauliflower cheese [coliflauer chiis] coliflor con bechamel

cayenne pepper [queyen pepAEr] pimienta de cayenna

celery [seleri] apio

Cheddar cheese [chedar chiis] queso cheddar, tierno y suave

cheese [chiis] queso

cheese and crackers [chiis and craquers] queso y galletas saladas

cheese and herb bread [chiis and jerb bred] pan de queso y especias

cheese and leak quiche [chiis and lek quiche] quiche de queso y puerros

cheese and parsnip soup [chiis and parsnip sup] sopa de chirivías y queso

cheese and tomato sandwich [chiis and tomato sándwich] bocadillo de queso y tomate

cheese board [chiis bord] carrito de los quesos

cheeseburger [chiisbergAEr] hamburguesa con queso

cheesecake [chiisqueic] tarta de queso

cheese croquette [chiis crouquet] delicia de queso

cheese fondue [chiis fondu] fondue de queso

cheese omelette [chiis omlet] tortilla de queso

cheese pastries [chiis peistris] hojaldres de queso

cheese sandwich [chiis sándwich] bocadillo de queso

cheese sauce [chiis sos] salsa de queso

cheese scone [chiis scoun] bollo de queso

cheese soufflé [chiis soufflé] soufflé de queso

cheese toasties [chiis toustis] pan tostado con queso fundido

cherry [cheri] cereza

cherry tomato [cheri tomato] tomate cherry, pequeño y dulce

chesnut [chesnoet] castaña

chesnut and orange pâté [chesnoet and orinch patei] paté de castañas y naranja

chesnut stuffing [chesnoet stofin] relleno de castañas, pan rallado y nata

chicken [chiquen] pollo

chicken and ham pie [chiquen and jam pai] pastel de pollo y jamón

chicken and mushroom pie [chiquen and moshrum pai] pastel de pollo y champiñones con salsa cremosa

chicken broth [chiquen broz] caldo de pollo

chicken consomme [chiquen consomei] consomé de pollo

chicken croquettes [chiquen crouquets] croquetas de pollo

chicken curry [chiquen coeri] pollo en salsa de curry

chicken in cider [chiquen in saider] pechugas de pollo con salsa de sidra

chicken liver pâté [chiquen liver patei] paté de higado de pollo

chicken noodle soup [chiquen nudel sup] sopa de pollo con fideos

chicken risotto [chiquen risotou] arroz guisado con pollo

chicken salad [chiquen salad] ensalada de pollo

chicken sandwich [chiquen sándwich] bocadillo de pechuga de pollo

chicken soup [chiquen sup] sopa de pollo

chicken wing [chiquen wing] alita de pollo

chickpea [chicpi] garbanzo

chicory [chicori] endivia

children's portion [chidrens porshon] ración para niños

chilli con carne [chili con carni] chili con carne

chilli pepper [chili pepʌer] pimentón picante

chinese leaves [chainis livs] col china

chinese noodles [chainis nudels] fideos chinos

chips [chips] patatas fritas

chives [chaivs] cebollino

chocolate [choclat] chocolate

chocolate fondue [choclat fondu] fondue de chocolate

chocolate ice cream [choclat eis crim] helado de chocolate

chocolate mousse [choclat mus] mousse de chocolate

chocolate muffin [choclat mofin] magdalena de chocolate con pepitas de chocolate

chocolate sauce [choclat sos] salsa de chocolate

chocolate soufflé [choclat soufflé] soufflé de chocolate

chocolate sponge [choclat sponch] pastel de bizcocho de chocolate relleno de crema de chocolate

chocolate swiss roll [choclat suis roul] brazo de gitano de chocolate

chocolate truffles [choclat trofels] trufas de chocolate

chop [chop] chuleta

chowder [chouder] sopa espesa de pescado, marisco o ambas cosas

chutney [choetni] condimento agridulce o picante, a base de frutas

cinnamon [sinamʌen] canela

clam [clam] almeja

clams in white wine sauce [clams in uait guain sos] almejas en salsa verde

clear fish soup [clir fishsup] caldo de pescado

clear soup [clir sup] caldo

clove [clouv] clavo

cockel [coquel] berberecho

coconut [couconoet] coco

coconut rice [coucanoet rais] arroz con sabor a coco

cod [cod] bacalao

coddle [codael] guisado de tocino, salchichas, patata y cebolla

cod steaks [cod steics] medallones de bacalao

coffee ice cream [cofi eis crim] helado de café

coffee sponge [cofi sponch] pastel de bizcocho con sabor a café, relleno de crema de café

colcannon [colcanon] col, patata y cebollinos fritos

cold cuts [could coets] fiambres

cold roast beef [could roust bif] solomillo frío

cold soup [could sup] sopa fría

coleslaw [coulslo] ensalada americana de col, zanahoria y mayonesa

conger eel and mashed potato [conger il and masht poteitou] congrio con puré de patata

consommé [consome] consomé

consommé with fresh cream [consomei wiz fresh crim] consomé con un chorrito de nata líquida

consommé with sherry [consomei wiz sheri] consomé al jerez

cooking apple [cuquin apael] manzana de repostería

coq au vin [coc o van] pollo al horno con salsa de vino blanco

coriander [coriandaer] cilantro

corned beef [cornt bif] ternera cocida y enlatada que se come frío como fiambre

corn soup [corn sup] sopa de maíz

cottage cheese [cotach chiis] requesón

courgette [coershet] calabacín

courgette and lentil gratin [coershet and lentil graten] gratinado de calabacín y lentejas

crab [crab] cangrejo

crab salad [crab salad] ensalada de cangrejo

crab soup [crab sup] crema de cangrejo

cracker [craquer] galleta salada

cranberry [cranberi] arándano

crayfish [creifish] cigala

cream [crim] nata [crimt chiquen] pollo en salsa cremosa con champiñones

creamed lobster [crimt lobster] langosta con salsa cremosa con champiñones

creamed mushrooms [crimt moshrums] champiñones a la crema

creamed plaice [crimt pleis] filetes de platija con salsa de nata agria y cebollina

creamed potatoes [crimt poteitous] puré de patata (con leche, mantequilla, sal y pimienta)

creamed vegetables [crimt vechtAEbols] verduras a la crema

cream of artichoke soup [crim ov artichouk sup] crema de alcachofas

cream of asparagus [crim ov asparagoes] crema de espárragos

cream of celery [crim ov seleri] crema de apio

cream of chicken soup [crim ov chiquen sup] crema de pollo

cream of mushroom [crim ov moshrum] crema de champiñones

cream of mussel soup [crim ov mosel sup] crema de mejillones

cream of tomato [crim of tomato] crema de tomates

cream of vegetable soup [crim ov vechtAEbol sup] crema de verduras

cream puffs [crim pofs] petisús

cream tea [crim ti] merienda de té con bollos, nata y mermelada

crème caramel with whipped cream [crem caramel wiz uipt crim] flan con nata

crème caramel [crem caramel] flan

crêpe suzette [crep suszet] crepe flambeado con zumo de naranja

cress [cres] berro

crispbread [crispbred] galleta salada de centeno o trigo

crisps [crisps] patatas fritas de bolsa

croissant [cruasán] croissant

croquette [crouquet] croqueta

croûton [cruton] picatoste

crumble [cromboel] compota de fruta con una pasta seca encima

crumpet [crompet] bollo tostado

cucumber [ciucombAEr] pepino

cumin [ciumin] comino

cured ham [ciurt jam] jamón serrano

cured pork sausages [ciurt porc sosiches] embutidos

currant bread [coerAEnt bred] pan dulce con pasas

curried [coerid] al curry

curried eggs [coerid egs] huevos duros picados y mezclados con salsa de curry

curry [coeri] curry

curry sauce [coeri sos] salsa de curry

custard [costAErd] crema típica inglesa para postres

custard apples [coestard apels] chirimoyas

cutlet [coetlAet] chuleta

Danish blue [deinish blu] queso azul

Danish pastry [deinish peistri] pastel de hojaldre con frutos secos y crema

dark chocolate [dark choclat] chocolate amargo

date [deit] dátil

dessert [disAErt] postre

devilled eggs [devilt egs] huevos duros picados y mezclados con especias y mayonesa

dill [dil] eneldo

dried apricots [draid apricots] albaricoques secos

dried figs [drait figs] higos secos

drumstick [dromstic] muslo de pollo (u otra ave)

Dublin Bay prawn [doblin bei praun] cigala

duck [doek] pato

duck a l'orange [doec a loronch] pato a la naranja

duck liver pâté [doec liver patei] paté de pato

dumpling [domplin] bola de masa que se guisa al vapor con carne y verduras

Easter cake [ister queic] hornazo

Edam (cheese) [idam chiis] queso de bola

eel [iil] anguila

eel steaks [iil steics] medallones de anguila

egg [eg] huevo

egg, beans and chips [eg, bins and chips] huevo frito, judías con salsa de tomate y patatas fritas

egg mayonnaise [eg mayoneis] huevos duros con mayonesa

eggplant [egplant] (US) berenjena

egg sandwich [eg sándwich] bocadillo de huevo con mayonesa

eggs Benedict [egs benedict] huevos escalfados servidos con jamón encima de un panecillo frito y cubiertos de salsa holandesa

eggs sunny side up [egs soni said op] huevos fritos

endivia [endaiv] endive

entrecôte in black pepper sauce [entrecot in blac pAEper sos] entrecot a la pimienta

entrecôte in Roquefort sauce [entrecot in roquefort sos] entrecot al roquefort

escargot [escargou] caracoles

escargot in garlic butter [escargou in garlic botAEr] caracoles con mantequilla y ajillo

extra vegetables [xtra vechtAEbols] suplemento de verdura

fairy cakes [feiri queics] magdalenas

fennel [fenAEl] hinojo

fig [fig] higo

fig cake [fig queic] pastel de higos

filet steak with Roquefort sauce [filet steic wiz roquefort sos] solomillo al roquefort

fillet [filet] filete (de carne o pescado)

fillet of beef [filet ov bif] solomillo de ternera

fillet of beef cooked in its own

sauce [filet ov bif cukt in its oun sos] redondo en su jugo

fillet of pork [filet ov porc] solomillo de cerdo

fillet of veal [filet ov vil] redondo de ternera

fillet steak [filet steic] filete de carne, generalmente ternera

fillet steak in red wine sauce [filet steic in red guain sos] solomillo al vino

fillet steak with chips [filet steic wiz chips] solomillo con patatas fritas

fish [fish] pescado

fish and chips [fish and chips] pescado rebozado y patatas fritas

fish dishes [fish dishes] pescados

fish in batter [fish in batAER] pescado a la romana

fish mousse [fish mus] mousse de pescado

fish pâté [fish patei] paté de pescado

fish pie [fish pai] pastel de pescado

fish stew [fishstiu] zarzuela de pescado

flambéed bananas [flambeid bananas] plátanos flambeados

flapjack [flapchaks] torta de avena

flour [flauer] harina

fondue [fondu] fondue

fool [ful] mousse de frutas con nata

frankfurter [francfAERtAER] salchicha de Franckfurt

French bread [french bred] pan francés

French onion soup [french onyen sup] sopa de cebolla gratinada

French toast [french toust] torrijas

fresh anchovies [fresh anchovis] boquerones

fresh fruit salad [fresh frut salad] macedonia de fruta fresca

fresh mussels [fresh mosels] mejillones frescos

fresh parsley [fresh parsli] perejil fresco

fresh pineapple [fresh painapAEl] piña fresca

fresh shellfish [fresh shelfish] marisco del día

fried [fraid] frito

fried egg [fraid eg] huevo frito

fried fresh anchovies [fraid fresh anchovis] boquerones fritos

fried green tomatoes [fraid grin tomatos] tomates verdes fritos

fried hake [fraid jeic] merluza frita

fried peppers [fraid pepAErs] pimientos fritos

fried potatoes [fraid poteitous] patatas troceadas y fritas

fried rice [frait rais] arroz frito

fried sardines [fraid sardins] sardinas fritas

fried sole [fraid soul] lenguado
frito

fried trout [fraid traut] trucha a
la plancha con perejil y
zumo de limón

fritter [fritAer] buñuelo

frogs legs [frogs legs] ancas de
rana

fruitcake [frutqueic] pastel de
frutas

fruit flan [frut flan] tarta de frutas

fruit salad [frut salad]
macedonia de frutas

fruit scone [frut scoun] bollo
con pasas

fruit sorbet [frut sorbey] sorbete
de frutas

fruit soufflé [frut soufflé] soufflé
de frutas

fruit yoghurt [frut yougert]
yogur de frutas

fudge [fodch] dulce de leche,
mantequilla y azúcar

fudge cake [fodch queic] pastel
hecho con dulce de leche,
azúcar y mantequilla

gammon steaks [gamon steics]
filetes de cerdo

gammon steaks in whiskey
sauce [gamon steics in whisky
sos] filetes de cerdo en salsa
de whisky

garlic [garlic] ajo

garlic and bread soup [garlic
and bred sup] sopa de ajo

garlic bread [garlic bred] pan de
ajo

garlic mackerel [garlic macrAel]
filetes de caballa rebozados
y cocinados con ajo y
zumo de limón

garlic mayonnaise [garlic
mayoneis] ajiaceite

garlic mushrooms [garlic
moshrums] champiñones
rebozados y fritos con ajo

garlic pasta [garlic pasta] pasta
al ajillo

garlic potatoes [garlic poteitous]
patatas al ajillo

gherkins [gerkins] pepinillos

ginger [chinchoer] jengibre

gingerbread [chinchoerbred]
pan de jengibre

gingernut [chinchoernot] galleta
de jengibre

goat's cheese [gouts chiis]
queso de cabra

goose [gus] oca

gooseberry [gusberi] grosella
silvestre

gooseberry jam [gusberi cham]
mermelada de grosella
silvestre

goose stuffed with prunes
and apple [gus stoft wiz pruns
and apAel] oca rellena de
ciruelas pasas y manzana

grape [greip] uva

grapefruit [greipfrut] pomelo

grated cheese [greited chiis]
queso rallado

gravy [greivi] salsa o jugo de
carne

greek salad [grik salad]
ensalada griega

greek yoghurt [gric yougert]
yogur griego

green bean [grin bin] judía verde

greengage [gringeich] ciruela claudia

green herb sauce [grin jerb sos] salsa a base de hierbas verdes

green pepper [grin pepAEr] pimiento verde

green salad [grin salad] ensalada verde

grey mullet [grei molAEt] mújol

grilled [grilt] a la plancha

grilled chicken [grilt chiquen] pollo a la plancha

grilled crayfish [grilt creifish] cigala a la plancha

grilled hake with parsley, butter and lemon juice [grilt jeic wiz parsli, botAEr and lemon chuis] merluza a la plancha con perejil, mantequilla y zumo de limón

grilled king prawns [grilt king prauns] langostinos a la plancha

grilled monkfish [grilt monkfish] rape a la plancha

grilled mushrooms [grilt moshrums] champiñones a la plancha

grilled pork steak [grilt porc steic] filete de cerdo a la plancha

grilled prawns [grilt prauns] gambas a la plancha

grilled sea bass [grilt si bas] lubina a la plancha

grilled sole [grilt soul] lenguado a la plancha

grilled steak [grilt steic] filete a la plancha, a la parrilla

grilled turbot [grilt tAErbot] rodaballo a la plancha

grilled veal steak [grilt vil steic] filete de ternera a la plancha

grilled vegetables [grilt vechtAEbols] verduras a la plancha

guacamole [guacamole] guacamole, salsa mejicana a base de aguacates, tomate, cebollinos y ajo

haddock [jadoc] (pescado) abadejo

hake [jeic] merluza

hake casserole [jeic caseroul] merluza a la cazuela

hake fillets in white sauce [jeic filets in uait sos] merluza con bechamel

hake in batter [jeic in batAEr] merluza rebozada

hake steaks [jeic steics] medallones de merluza

halibut [jaliboet] (pescado) halibut

ham [jam] jamón

ham and cheese croquettes [jam and chiis crouquets] croquetas de jamón y queso

ham and mushroom omelette [jam and moshrum omlet] tortilla de jamón y queso

hamburger [jambergAEr] hamburguesa

ham mousse [jam mus] mousse de jamón

hard-boiled egg [hard-boilt eg] huevo duro

hare [heir] liebre

Hawaiian salad [jauayan salad] ensalada con piña y jamón dulce

hazelnut [jeisolnoet] avellana

herb dumplings [jerb domplins] buñuelos con especias

herbs [jerbs] hierbas

herring [jering] arenque

hollandaise sauce [jolandeis sos] salsa holandesa

homemade [joumeid] casero(a)

homemade bread [joumeid bred] pan casero

homemade ice cream [joumeid eis crim] helado casero

honey [joni] miel

honeydew melon [jonidiu melon] melón dulce

hors d'oeuvres [ordAErvs] entremeses

hot buttered mussels [jot botAErd mosels] mejillones con mantequilla, cebollino y ajo

hot chocolate sauce [jot choclat sos] chocolate fundido

hot cross bun [jot cros boen] bollo de especias y pasas marcado con una cruz, típico del Viernes Santo

hot dog [jot dog] perrito caliente

hot fudge sauce [jot fodch sos] salsa caliente de chocolate y caramelo

hotpot [jotpot] estofado de cabrito

hotpot and red cabbage [jotpot and red cabAEch] estofado de cabrito con col lombarda

house speciality [jaus speshialiti] especialidad de la casa

iceberg lettuce [eisberg letoes] lechuga iceberg

ice cream [eis crim] helado

ice cream float [eis crim flout] refresco con una bola de helado

ice cream gâteau [eis crim gato] tarta de helado

ice cream with chopped nut topping [eis crim wiz chopt noet topin] crocanti

in egg and breadcrumbs [in eg and bredcroms] empanado(a)

Irish stew [airish stiu] estofado irlandés (con carne de carnero)

jacket potatoes [chaquet poteitous] patatas al horno

jam [cham] mermelada

jam tart [cham tart] tarta rellena de mermelada

jelly [cheli] gelatina

jelly and ice cream [cheli and eiscrim] gelatina y helado, típico postre de niños

kebab [kebab] pincho moruno, brocheta

Kerry casserole [keri caseroul] cazuela de carne de cerdo, lomo ahumado, patatas,

cebollas, champiñones y
romero

kidney [kidni] riñon

kidney bean [kidni bin] judía
pinta

king prawn [king praun]
langostino

kipper [quiper] arenque
ahumado

kiwi [kiwi] kiwi

lamb [lam] cordero

lamb and vegetable stew [lam
and vechtAEbol stiu] caldereta
de cordero con vegetales

lamb chop [lam chop] chuleta
de cordero

lamb cutlet [lam coetlAEt]
chuleta de cordero

lambs kidneys in port [lams
kidnis in port] riñones de
cordero con salsa de oporto

lard [lard] manteca de cerdo

lasagne [lasaña] lasaña

leek [lic] puerro

leek and potato soup [lik and
poteitou sup] sopa de patata y
puerro

lemon [lemon] limón

lemon butter [lemon botAEr]
mantequilla con zumo de
limón

lemon cheesecake [lemon
chiisqueic] tarta de queso con
limón

lemon curd [lemon kerd] (UK)
mermelada espesa de limón

lemon merengue pie [lemon
merang pai] tarta de limón
cubierta de merengue

lemon mousse [lemon mus]
mousse de limón

lemon sole [lemon soul]
(pescado) platija

lemon sorbet [lemon sorbey]
sorbete de limón

lemon soufflé [lemon soufflé]
soufflé de limón

lentil [lentAEl] lenteja

lentil casserole [lentil stiu]
potaje de lentejas

lentil salad [lentAEl salad]
ensalada de lentejas

**lentil salad in vinaigrette
dressing** [lentil salad in vinagret
dresin] lentejas aliñadas

lentil soup [lentAEl sup] sopa de
lentejas

lentil stew [lentil stiu] guisado
de lentejas con beicon y
verduras

lettuce [letoes] lechuga

lime [laim] lima

live clams [laiv clams] almejas
al natural

liver [liver] hígado

liver and bacon [liver and
beicAEn] hígado y panceta a
la plancha con puré de
patata

liver and bacon casserole [liver
and beicAEn caseroul] cazuela de
hígado y tocino

lobster [lobstAEr] langosta

lobster au gratin [lobster o
graten] langosta gratinada

lobster brochette [lobster
broushet] brocheta de
langosta

lobster cocktail [lobster cocteil]
cóctel de bogavante
lobster omlet [lobster omlet]
tortilla de langosta
lobster soup [lobster sup]
crema de langosta
local cheese [locoel chiis]
queso del país
low fat [lo fat] desnatado(a)
low fat milk [lo fat milc] leche
desnatada
low-fat yoghurt [lo fat youghert]
yogur desnatado
macaroni [macarouni]
macarrones
macaroni cheese [macarouni
chiis] macarrones gratinados
mackerel [macrAEl] caballa
main course [mein cors] plato
principal
mangetout [monshtu] guisante
mollar
mango [mango] mango
marble cake [marbol queic]
bizcocho de vainilla y
chocolate
margarine [marcherin]
margarina
marinated [marineited]
marinado(a)
marmalade [marmeleid]
mermelada de limón, o de
naranja amarga
marzipan [marsipan] mazapán
mashed potatoes [masht
poteitous] puré de patatas
mashed turnips and parsnips
[masht ternops and parsnips]
puré de nabos y chirivías

mature [matiur] (queso)
maduro
mayonnaise [meiyoneis]
mayonesa
meat [mit] carne
meatball [mitbol] albóndiga
meat casserole [mit caseroul]
cazuela de carne
meat dishes [mit dishes] carnes
meat fondue [mit fondu]
fondue de carne
meatloaf [mitlouf] pastel de
carne
meat pasties [mit pastis]
empanadillas de carne
meat pie [mit pai] pastel de
carne
mediterranean chicken
[meditereinian chiquen] estofado
de pollo con pimiento,
cebolla, tomate y especias
medium rare [midium reir]
(carne) al punto
melon [melon] melón
menu [meniu] carta
meuniere [meunier] rebozado
en harina y frito, servido
con mantequilla, zumo de
limón y perejil
milk chocolate [milk choclat]
chocolate con leche
minced beef and onion pie
[minst bif and onyen pai] pastel
de carne picada, cebolla y
especias
minced meat [minst mit] carne
picada, generalmente
ternera
mint stuffing [mint stofin]

217

relleno de pan rallado, mantequilla y menta fresca

minute steak [minit steic] bistec pequeño y fino

mixed grill [mixt gril] salchichas, beicon, morcilla y tomates a la plancha

mixed seafood grill [mixt sifud gril] parrillada de marisco

mocha tart [moca tart] tarta moca

monkfish casserole [monkfish caseroul] rape a la cazuela

mop herring [mop jering] arrenques marinados

moussaka [musaka] plato griego a base de carne picada y berenjenas

muffin [moefin] (UK) panecillo

muffin [moefin] pan dulce que se come caliente

mullet [molet] (pescado) escorpina, cabracho

mushroom [moshrum] champiñón

mushroom loaf and pepper sauce [moshrum louf and pepAer sos] pastel de champiñones a la pimienta

mushroom omelette [moshrum omlet] tortilla de champiñones

mushroom tagliatelli with vermouth and tarragon [moshrum tagliateli wiz vermuz and taragon] tallarines con salsa de vermut y estragón

mushy peas [moshi pis] puré de guisantes

mussel [mosel] mejillón

mustard [mostAerd] mostaza

mustard sauce [mostAerd sos] salsa de mostaza

mutton [motAen] carne de carnero

natural yoghurt [natiurel yougert] yogur natural

nectarine [nectarin] nectarina

nettle soup [netAel sup] sopa de ortigas

noodles [nudels] fideos

nougat [noguet] turrón

nutmeg [noetmeg] nuez moscada

oatbread [outbred] pan de avena

octopus [octopus] pulpo

oil [oyel] aceite

okra [oucra] quingombó, fruto usado en algunos guisos

olive [oliv] aceituna

olive and tomato ravioli [oliv and tomato ravioli] raviolis de tomate y aceituna

olive oil [oliv oyel] aceite de oliva

omelette [omlet] tortilla

onion [onyen] cebolla

onion and cheese tart [onyen and chiis tart] tarta de queso y cebolla

onion bread [onyen bred] pan de cebolla

onion rings [onyen rings] aros de cebolla

onion soup [onyen sup] sopa de cebolla

open prawn sandwich [oupen praun sándwich] bocadillo de gambas al plato

open sandwich [oupen sándwich] bocadillo al plato, normalmente abundante, sin pan por arriba, a veces acompañado de ensalada

open seafood sandwich [oupen sifud sándwich] bocadillo de marisco al plato

orange [orinch] naranja

oregano [oreganou] orégano

ostrich meat [ostrich mit] carne de avestruz

(oven) baked [oven beict] al horno

oven baked turbot [oven beict tʌerbot] rodaballo al horno

ox [ox] buey

oxtail soup [oxteil sup] sopa de rabo de buey

ox tongue [ox tong] lengua de buey

oyster [oystʌer] ostra

oyster mousse [oystʌer mus] mousse de ostras

oyster mushroom [oystʌer moshrum] seta

oyster mushrooms fried in garlic and parsley [oystʌer moshrums fraid in garlic and parsli] setas al ajillo

oyster sauce [oystʌer sos] salsa de ostras

pancake [panqueic] torta, crepe

paprika [paprika] pimentón

Parma ham [parma jam] jamón serrano

Parmesan [parmesan] parmesano

parsley [parsli] perejil

parsley butter [parsli botʌer] mantequilla con perejil

parsnip [parsnip] chirivía, pastinaca

partridge [partrich] perdiz

passion fruit [pashon frut] pasionaria, maracuyá

pasta [pasta] pasta

pasta salad [pasta salad] ensalada de pasta

pasty, small pie [pasti, smol pai] empanadilla

pâté [patei] paté

pavlova [pavlouva] pastel de merengue espumoso con fruta y nata

pea [pi] guisante

pea and ham soup [pi and jam sup] sopa de jamón y guisantes

peacan nut [piquen noet] pacana

peach [pich] melocotón

peanut [pinoet] cacahuete

peanut butter [pinoet botʌer] manteca de cachuete

pear [peir] pera

pepper [pepʌer] pimienta

pheasant [fesʌent] faisán

piccailli [picalili] salsa amarilla picante con coliflor, pepinillos, cebollino, etc., para acompañar fiambres

pie [pai] (salado o dulce) pastel, empanada; tarta

pig's liver pâté [pigs liver patei] paté de cerdo

pig's trotters [pigs troters] codillos de cerdo

pineapple [painapAEl] piña

pineapple fritter [painapel fritAEr] buñuelo de piña

pine nut [pain noet] piñón

pistachio [pistachio] pistacho

pizza [pizza] pizza

plaice [pleis] (pescado) solla

ploughmans salad [plaumans salad] plato de fiambres y quesos del país, con una selección de ensaladas y «chutney»

plum [plom] ciruela

plum pudding [plom pudin] pudín navideño con pasas

poached egg [poucht eg] huevo escalfado

poached eggs on toast [poucht egs on toust] huevos escalfados servidos encima de tostadas con mantequilla

pork [porc] carne de cerdo

pork chop [porc chop] chuleta de cerdo

pork cutlet [porc coetlAEt] chuleta de cerdo

pork loin [porc loin] lomo

pork meatballs [porc mitbols] albóndigas de cerdo

pork sausages [pork sosiches] salchichas de cerdo

porter beef [porter bif] carbonada de buey, con cerveza negra

porter cake [porter queic] pastel de frutas con cerveza negra

portion [porshAEn] ración

potato [poteitou] patata

potato cake [poteitou queic] pastel de patata frito

potato gnocchi [poteitou ñoqui] ñoquis

potato salad [poteitou salad] ensalada de patata con cebollino y mayonesa

pot roast [pot roust] redondo de carne asado

prawn [praun] gamba

prawn cocktail [praun cocteil] cóctel de gambas

prawn omelette [praun omlet] tortilla de gambas

prawns in a garlic and brandy sauce [prauns in a garlic and brandi sos] gambas con salsa de ajo y brandy

pressed tongue [prest tong] fiambre de lengua de buey

prune [prun] ciruela pasa

prune and apple stuffing [prun and apAEl stofin] relleno de ciruelas pasas y manzana

pudding [pudin] (UK) postre

pumpkin [pompkin] calabaza

pumpkin pie [pompkin pai] (US) pastel de calabaza, postre tradicional de la cena del Día de Acción de Gracias

pumpkin soup [pompkin sup] crema de calabaza

quail [queil] codorniz

quail's egg [queils eg] huevo de codorniz

quarterpounder
[cuortAerpaundAer]
hamburguesa de 250 g

quiche [quiche] quiche

quiche lorraine [quiche lorein]
quiche de panceta o beicon
y queso

quince jelly [quins cheli] carne
de membrillo

rabbit [rabit] conejo

radish [radish] rábano

rainbow trout [reinbou traut]
trucha arco iris

raisin [reisin] pasa

rare [reir] (carne) poco
hecho(a)

raspberry [rasberi] frambuesa

raspberry fool [rasberi ful]
mousse de frambuesa con
nata

raspberry jam [rasberi cham]
mermelada de frambuesa

ratatouille [ratatuyi] pisto

ravioli [ravioli] raviolis

raw [ro] crudo

ray [rei] rayo

razor clam [reisAer clam] navaja

red cabbage [red cabAech] col
lombarda

Red Cheddar [red chedAer]
queso tierno y suave

redcurrant [redcoerAent]
grosella

red haricot bean [red jaricou bin]
alubia roja

Red Leicster [red lestAer] queso
tierno y suave

red mullet [red molAet]
salmonete

red pepper [red pepAer]
pimiento rojo

rhubarb [rubarb] ruibarbo

rhubarb and ginger jam [rubarb
and chinshoer cham]
mermelada de ruibarbo
y jengibre

rhubarb crumble [rubarb
cromboel] compota de
ruibarbo con una pasta
seca encima

rhubarb tart [rubarb tart] tarta
de ruibarbo

rib steak stew [rib vil stiu]
guisado de costillas de
ternera

rice [rais] arroz

rice pudding [reis pudin] arroz
con leche

rice salad [reis salad] ensalada
de arroz con verduras

Ricotta cheese [ricota chiis]
queso cremoso

ripe [raip] (fruta) maduro(a)

risotto [risotou] arroz guisado
con pollo o verduras

rissole [risoul] especia de
albondiga de carne o
verduras

river crabs [rivAer crabs]
cangrejos de río

roast [roust] asado(a)

roast beef [roust bif] rosbif

roast chicken [roust chiquen]
pollo asado

roast fillet of beef [roust filet of
bif] redondo al horno

roast kid [roust kid] cabrito
asado

roast lamb [roust lam] cordero asado

roast partridge [roust partrich] perdiz asada

roast pheasant [roust fesAEnt] faisán al horno

roast pork [roust porc] carne de cerdo asada

roast pork with apple sauce [roust porc wiz apAEl sos] carne de cerdo asada con puré de manzana

roast potatoes [roust poteitous] patatas asadas

roast shoulder of lamb with mint sauce [roust shoulder ov lam wiz mint sos] espalda de cordero asado con salsa de menta

roast turkey [roust tAErqui] pavo asado

roast turkey with cranberry sauce [roust tAErqui wiz cranberi sos] pavo asado con salsa de arándanos (típico para el Día de Acción de Gracias (US) o Navidades)

rosemary [rousmeri] romero

rye bread [rai bred] pan de centeno

saffron [safron] azafrán

sage [seich] salvia

salad [salad] ensalada

salad sandwich [salad sandwich] bocadillo vegetal

salmon [samon] salmón

salmon steaks [samon steics] medallones de salmón

salt [solt] sal

sandwich [sándwich] bocadillo, sándwich

sardine [sardin] sardina

sardines in a cider sauce [sardins in a saider sos] sardinas a la sidra

sauce [sos] salsa

sausage [sosich] salchicha

sausage and potato stuffing [sosich and poteitou stofin] relleno a base de carne picada, puré de patata, sal y pimienta

sausage meat [sosich mit] carne picada de cerdo

sauté [soteid] salteado(a)

sauté French beans with ham [soteid french bins wiz jam] salteado de judías verdes y jamón

sauté potatoes [soteid poteitous] patatas salteadas

sauté vegetables [soteid vechtAEbols] verduras salteadas

savoury pancakes [seiveri panqueics] crepes saladas

scallion [scalyon] cebolleta

scallop [scalop] vieira

scampi [scampi] gambas en gabardina

scone [scoun] bollo que se toma con el té

scotch broth [scotch broz] caldo de carne con cebada

Scotch egg [scotch eg] huevo escocés (huevo duro envuelto con carne picada y especias)

scrambled eggs [scrambelt egs] huevos revueltos

scrambled eggs on toast [scrambelt egs on toust] huevos revueltos sobre tostadas con mantequilla

scrambled eggs with ham and mushrooms [scrambelt egs wiz jam and moshrums] revuelto de jamón y champiñones

scrambled eggs with smoked salmon [scrambelt egs wiz smouct samon] revuelto de salmón ahumado

sea bass [si bas] lubina

sea bass in a parsley sauce [si bas in a parsli sos] lubina a la marinera

sea bass in batter [si bas in batAEr] lubina rebozada

sea bass in white wine, garlic and lemon juice [si bas in uait guain, garlic and lemon shuis] lubina con vino, ajo, y zumo de limón

seafood [sifud] marisco

seafood casserole [sifud caseroul] cazuela de marisco

seafood chowder [sifud chouder] sopa espesa de marisco

seafood cocktail [sifud cocteil] cóctel de marisco

seafood platter [sifud platAEr] selección de marisco, servida con pan y surtido de ensaladas

seafood salad [sifud salad] ensalada de marisco

sea snails [si sneils] caracoles de mar

selection of cheeses [selecshoen ov chiises] surtido de quesos

selection of fresh fruit [selecshoen ov fresh frut] cesta de frutas

selection of grilled vegetables [selecshoen ov grilt vectAEbols] una parrillada de verduras

service charge [servis charch] (tarifa) servicio

service included [servis included] servicio incluido

service not included [servis not included] servicio no incluido

set menu [set meniu] menú

shark fin soup [sharc fin sup] sopa de aleta de tiburón

shark meat [sharc mit] carne de tiburón

shellfish [shelfish] marisco

shepherds pie [sheperds pai] pastel de puré de patata y carne picada

sherry trifle [treifol] postre de bizcocho, gelatina, crema, frutas en jerez y nata

shortbread [shortbred] torta de azúcar, mantequilla y harina.

shoulder of spring lamb [shoulder ov spring lam] espaldilla de cordero lechal

shrimp [shrimp] camarón

shrimp salad [shrimp salad] ensalada de camarones

side dish [said dish] acompañamiento, guarnición

side salad [said salad] ensalada pequeña como guarnición

sirloin steak [soerloin steic] solomillo

sliced [sleist] en lonchas

sliced bread [sleist bred] pan de molde

smoked cheese [smouct chiis] queso ahumado

smoked cod pie [smouct cod pai] pastel de puré de patatas y bacalao ahumado

smoked eel [smouct iil] anguila ahumada

smoked fish [smouct fish] ahumados variados

smoked ham [smouct jam] jamón ahumado

smoked mackerel [smouct macrael] caballa ahumada

smoked salmon [smouct samon] salmón ahumado

smoked salmon pâté [smouct samon patei] paté de salmón ahumado

smoked salmon sandwich [smouct samon sándwich] bocadillo de salmón ahumado

smoked trout [smouct traut] trucha ahumado

soda bread [souda bred] pan hecho con suero de leche

soft-boiled egg [soft-boilt eg] huevo pasado por agua

sole [soul] lenguado

sole in batter [soul in bataer] lenguado a la romana

sole in egg and breadcrumbs [soul in eg and bredcroms] lenguado rebozado

sole meunière [soul meunier] lenguado meuniere, servido con mantequilla, perejil y zumo de limón

sorbet [sorbey] sorbete

soufflé [soufflé] soufflé

soup [sup] sopa

soup of the day [sup ov de dei] sopa del día

soup with vermicelli [sup wiz vermiceli] sopa con fideos

sour cream [sauer crim] nata agria

soya bread [soya bred] pan de soja

soya oil [soya oyel] aceite de soja

soya sauce [soya sos] salsa de soja

spaghetti [spagueti] espaguetis

Spanish omelette [spanish omlet] tortilla española

spare ribs [speir ribs] costillas de cerdo al horno

spices [spaises] especias

spicy [spaisi] picante

spicy bean soup [spaisi bin sup] sopa picante de alubias y tomate

spicy tomato soup [spaisi tomato sup] sopa de tomate picante

spinach [spinaech] espinacas

spinach and broccoli soup

spinach and brocoli sup [spinAECH and brocoli sup] crema de espinacas y brécol

spinach and cottage cheese ravioli [spinAECH and cotAECH chiis raviоli] raviolis de espinacas y requesón

spinach and lentil curry [spinAECH and lentAEl coeri] curry de espinacas y lentejas

spinach and lentil pie [spinAECH and lentAEl pai] empanada de espinacas y lentejas

spinach flavoured pasta [spinAECH fleivAErt pasta] pasta verde, de espinacas

spinach omelette [spinAECH omlet] tortilla de espinacas

split pea soup [split pi sup] sopa de guisantes

sponge, spongecake [sponch, sponchqueic] bizcocho

spring lamb [spring lam] cordero lechal

spring onion [spring onyen] cebolleta

spring roll [spring roul] rollito de primavera

squid [squid] calamar

squid rings [squid rings] calamares a la romana

starter [startAEr] entrante

steak and kidney pie [steic and kidni pai] pastel de hojaldre con ternera, riñones y verduras

steak diane [steic dian] bistec con cebolla y champiñones en salsa verde

steak in Guiness [steic in guines] guisado de ternera en salsa de Guiness

steak sandwich [steic sándwich] bocadillo de bistec

steak tartare [steic tartare] tartar crudo

steamed [stimt] al vapor

steamed mussels with white wine [stimt mosels wiz uait guain] mejillones al vapor con vino blanco

steamed oysters [stimt oystAErs] ostras al vapor, servidas con pan integral y mantequilla

steamed vegetables [stimt vechtAEbols] verduras al vapor

stew [stiu] estofado, guisado (a base de carne, patata, cebolla, zanahoria y especias)

stewed [stuit] estofado(a), guisado(a)

stewed beef [stiut bif] guisado de ternera

stewed lamb [stiut lam] cordero guisado

stewed pork [stiut porc] guisado de cerdo

stewed rabbit [stiut rabit] guisado de conejo

stewed veal [stiut vil] guisado de ternera

Stilton [stilton] queso azul inglés

strawberries and cream [stroberis and crim] fresas con nata

strawberries in dessert wine [stroberis in disAErt guain] fresas en vino dulce strawberry [stroberi] fresa

strawberry cheescake [stroberi chiisqueic] tarta de queso con fresas

strawberry ice cream [stroberi eis crim] helado de fresa

strawberry jam [stroberi cham] mermelada de fresa

strawberry mousse [stroberi mus] mousse de fresa

strawberry soufflé [stroberi soufflé] soufflé de fresones

strawberry tart [stroberi tart] tarta de fresas

stuffed [stoft] relleno(a)

stuffed aubergines [stoft obershins] berenjenas rellenas de verduras y carne picada

stuffed baked clams [stoft beict clams] almejas rellenas al horno

stuffed baked potatoes [stoft beict poteitous] patatas al horno rellenas de mantequilla, sal, pimienta y cebolleta

stuffed courgettes [stoft coershets] (UK) calabacín relleno de carne picada y verduras

stuffed duck [stoft doec] pato relleno

stuffed eggs [stoft egs] huevos rellenos

stuffed mushrooms [stoft moshrums] setas rellenas

stuffed olive [stoft oliv] aceituna rellena

stuffed pancakes [stoft panqueics] crepes rellenas

stuffed peppers [stoft pepaers] pimientos rellenos de carne y verduras

stuffed tomatoes [stoft tomatos] tomates rellenos

stuffed trout [stoft traut] trucha rellena

stuffed turkey breast [stoft taerqui brest] pechuga de pavo rellena de jamón

stuffed vine leaves [stoft vain livs] hojas de parra rellenas de carne picada y arroz

stuffed vine leaves, vegetarian style [stoft vain livs, vecheteirian stail] hojas de parra rellenas de arroz y verduras

stuffing [stofin] relleno

sugar [shugoer] azúcar

sultana [soltana] pasa de Esmirna

sunflower oil [sonflauer oyel] aceite de girasol

sunflower seed [sonflauer sid] pipa (de girasol)

sweet and sour pork [suit and sauer porc] lomo con salsa agridulce

sweet and sour sauce [suit and sauer sos] salsa agridulce

sweetbreads [suitbreds] mollejas

sweetbreads in batter [suitbreds in bataer] mollejas rebozadas

sweetcorn [suitcorn] maíz dulce

sweetened yoghurt [suitend yougert] yogur edulcorado

sweet pancakes [suit panqueics] crepes dulces

sweet potato [suit poteitou] boniato

swiss cheese [suis chiis] queso suizo

swiss roll [suis roul] brazo de gitano

swordfish [sordfish] pez espada

tabouleh [tabulei] ensalada de cuscús, con pepino, tomate, menta y limón

tagliatelli [tagliateli] tallarines

tangerine [tancherin] mandarina

tarragon [taragon] estragón

tart [tart] tarta

tartare sauce [tarter sos] salsa tártara

T-bone steak [ti-boun steic] filete de ternera con hueso en forma de T

tea brack [ti brac] pastel de frutas hecho con té

thyme [zaim] tomillo

tinned peaches [tint piches] melocotones en almíbar

tinned pineapple [tint painapAEl] piña en almíbar

tipsy cake [tipsi queic] pastel de frutas con whisky

toast [toust] tostada

toast and marmalade [toust and marmaleid] tostadas con mantequilla y mermelada

toasted cheese and ham sandwich [toused chiis and jam sandwich] sándwich caliente de jamón y queso

toasted sandwich [toused sandwich] sándwich tostado

tomato [tomato] tomate

tomato and mozzarella salad [tomato and mozzarella salad] ensalada de tomate y mozzarella

tomato salad [tomato salad] ensalada de tomate

tomato sauce [tomato sos] salsa de tomate

tomato soup [tomato sup] sopa de tomate

tongue [tong] lengua

traditional English breakfast [tradishonAEl inglish brekfAEst] desayuno tradicional inglés, a base de huevos, beicon, salchichas, morcilla y tomate frito

traditional Irish breakfast [tradishonAEl airish brekfAEst] desayuno típico irlandés, a base de huevos, panceta, salchichas, tomate y pastel de patata

trifle [traifol] postre a base de bizcocho, crema, fruta y nata

tripe [traip] callos

trout [traut] trucha

trout in white wine sauce [trout in uait guain sos] trucha a la marinera

truffles [trofels] (hongos) trufas

tuna [tiuna] atún

tuna and sweetcorn salad [tiuna and suitcorn salad]

ensalada de atún, maíz, tomate y pimientos verdes

tuna salad [tiuna salad] ensalada de atún

turbot [tAErbot] rodaballo

turkey [tAErqui] pavo

turkey and ham sandwich [tAErqui and jam sándwich] bocadillo de pavo y jamón dulce

turkey with sausage and potato stuffing [terqui wiz sausage and poteitou stofin] pavo relleno de carne picada de cerdo y patata

turnip [tAErnop] nabo

turnip and bacon soup [tAErnop and beicAEn sup] sopa de nabos y beicon

turtle soup [turtel sup] sopa de tortuga

vanilla ice cream [vanila eis crim] helado de vainilla

vanilla sponge [vanila sponch] pastel de bizcocho de vainilla relleno de crema de vainilla

veal [vil] ternera

veal chop [vil chop] chuleta de ternera

veal escalopes [vil escalops] escalopines de ternera

veal in egg and breadcrumbs [vil in eg and bredcroms] escalope de ternera

veal ragoût [vil ragu] ragout de ternera

veal steak [vil steic] filete de ternera

veal stew [vil stiu] estofado de ternera

vegetable broth [vechtAEbol broz] caldo de verduras

vegetable casserole [vechtAEbol stiu] guiso de verduras

vegetable curry [vechtAEbol coeri] verduras en salsa de curry

vegetable lasagne [vechtAEbol lasaña] lasaña de verduras

vegetable loaf [vechtAEbol louf] pastel de verduras

vegetable moussaka [vechtAEbol musaka] moussaka, con berenjena, pimiento rojo y verde, cebolla y champiñones

vegetable oil [vechtAEbol oyel] aceite vegetal

vegetable pâté [vechtAEbol patei] paté vegetal

vegetable pie [vechtAEbol pai] pastel de verduras

vegetable risotto [vechtAEbol risotou] arroz guisado con verduras

vegetables [vechtAEbols] verduras

vegetable soup [vechtAEbol sup] sopa de verduras

vegetarian dish [vecheteirian dish] plato vegetariano

vegetarian menu [vecheteirian meniu] carta de platos vegetarianos

vegetarian sausages [vecheteirian sosiches] salchichas vegetarianas

vegetarian stuffed aubergines [vecheteirian stoft obershins] berenjenas rellenas de verduras y arroz

vegetarian stuffed courgettes, zucchini [vecheteirian stoft coershets, zuquini] (UK, US) calabacín relleno de arroz y verduras

veggie burger [vechi bergAEr] hamburguesa vegetal

velouté sauce [velutei sos] salsa a base de caldo de pollo

venison [venisAEn] carne de venado

venison chops [venisAEn chops] chuletas de venado

vinaigrette [vinagret] salsa vinagreta

vinegar [vinegar] vinaigre

waffles [uafAEls] gofres

waffles and ice cream [uafAEls wiz eis crim] gofres con helado

waffles with chocolate sauce and cream [uafAEls wiz choclat sos and crim] gofres con salsa de chocolate y nata

waffles with icing sugar [uafAEls wiz eisin shugoer] gofres con azúcar glass

waffles with maple syrup [uafAEls wiz meipel sirop] gofres con jarabe de arce

waldorf salad [uoldorf salad] ensalada de manzana, queso, nueces y apio con mayonesa

walnut [uolnoet] nuez

walnut cake [ualnoet queic] pastel de nueces relleno de crema de nueces

watercress [uotercres] berro

watermelon [uotermelon] sandía

well done [uel don] (carne) muy hecho(a)

Welsh rarebit [uelsh reirbit] pan con queso tostado

whipped cream [güipt crim] nata batida o montada

white bread [uait bred] pan blanco

White Cheddar [uait chedAEr] queso tierno y suave

white chocolate [uait choclat] chocolate blanco

white haricot bean [uait aricou bin] alubia blanca

white pepper [uait pepAEr] pimienta blanca

white pudding [uait pudin] morcilla blanca

white sauce [uait sos] salsa bechamel

whiting [uaitin] pescadilla

wholemeal bread [joulmil bred] pan integral

wholemeal cracker [joulmil] galleta salada de harina integral

wholemeal pancakes [joulmil panqueics] crepes de harina integral

wholemeal pancakes with spicy bean filling [joulmil panqueics wiz spaisi bin filin] crepes integrales rellenos de judías con salsa picante

wholemeal pasta [joulmil pasta] pasta integral

wild mushroom [guaild moshrum] seta

Worcester sauce [uerster sos] salsa avinagrada y con especias, para carne o guisos

yam [yam] batata

yellow pepper [hielo pepАЕr] pimiento amarillo

yoghurt [yougert] yogur

yoghurt and tomato soup [yougert and tomato sup] sopa de tomate y yogur

Yorkshire pudding [íorcshАЕr pudin] masa horneada hecha de harina, huevos y leche que se sirve tradicionalmente con el rosbif

zucchini [zuquini] (US) calabacín

Menú
Bebida

alcoholic free beer [alcojol fri bir] cerveza sin alcohol

alcoholic drinks [alcojolic drincs] bebidas alcohólicas

ale [eil] cerveza rubia oscura

aperitif [aperitif] aperitivo

apple juice [apᴀel chus] zumo de manzana

Baileys [beilis] licor de nata y whisky

banana milkshake [banana milksheic] batido de plátano

beer [bir] cerveza

bitter [bitᴀer] (UK) cerveza amarga

black coffee [blac cofi] café solo

blackcurrant cordial [blacorᴀent cordial] bebida concentrada de grosella

bloody mary [blodi meri] vodka con zumo de tomate, tabasco y pimienta

bottled beer [botelt bir] cerveza embotellada

bourbon [boerbᴀen] bourbon

brandy [brandi] coñac

bucks fizz [buks fitz] champán con zumo de naranja

camomile tea [camomail ti] infusión de manzanilla

carrot juice [caroet chus] zumo de zanahoria

champagne [shampein] champán

chocolate milkshake [choclat milksheic] batido de chocolate

cider [saidᴀer] sidra

cocktail [cocteil] cóctel

cocoa [coco] cacao

coffee [cofi] café

coffee with cream [cofi wiz crim] (US) café con leche

Coke [couc] Coca-Cola, cola

decaffeinated coffee [decafoneited cofi] café descafeinado

dessert wine [disoert guain] vino dulce para postres

draught beer [draft bir] cerveza de barril

drink [drinc] bebida

drinking water [drinquin uoter] agua potable

dry [drai] seco

dry sherry [drai sheri] fino

fizzy [fitzi] con gas

freshly squeezed orange juice [freshli squist orinch chus] zumo de naranja natural

fruit cordial [frut cordial] bebida de frutas concentrada, normalmente se mezcla con agua

fruity milkshake [fruti milksheic] batido de frutas

fruity wine [fruti guain] vino afrutado

Gaelic coffee [geilic cofi] café irlandés

gin [chin] ginebra

gin and tonic [chin and tonic] ginebra con tónica

ginger ale [chinchoer eil] ginger ale

grapefruit juice [greipfrut chus] zumo de pomelo

Guiness [giness] cerveza negra irlandesa

half pint/glass [jaf paint/glas] media pinta de cerveza

herbal tea [jerbAEl ti] infusión

hot chocolate [jot choclat] chocolate caliente

hot port [jot port] oporto caliente con limón, azúcar y clavos, típico en invierno

hot toddy [jot todi] whisky con agua caliente, zumo de limón y clavos, típico en invierno

house wine [jaus guain] vino de la casa

ice [eis] hielo

iced coffee [eist cofi] granizado de café

iced tea [eist ti] té helado

instant coffee [instAEnt cofi] café instantáneo

lager [lagAEr] cerveza rubia

lemonade [lemoneid] limonada

lemon cordial [lemon cordial] bebida concentrada de limón

lemon juice [lemAEn chus] zumo de limón

lime cordial [laim cordial] bebida concentrada de lima

lime juice [laim shus] zumo de lima

liquer [liciur] licor

martini [martini] martini

medium sweet [midium suit] semidulce

Mild [maild] (UK) cerveza suave y cremosa

milk [milc] leche

milkshake [milksheic] batido

mineral water [minerol uotAEr] agua mineral

mint tea [mint ti] menta poleo

on the rocks [on de rocs] (US) con hielo

orangeade [orincheid] naranjada

orange cordial [orinch cordial] bebida concentrada de naranja

orange juice [orinch chus] zumo de naranja

peach juice [pich chus] zumo de melocotón

pineapple juice [painapAEl chus] zumo de piña

pint [paint] una pinta de cerveza

port [port] oporto

porter [portAEr] cerveza negra

punch [poench] ponche

raspberry cordial [rasberi cordial] bebida concentrada de frambuesa

red wine [red guain] vino tinto

rosé wine [rosei guain] vino rosado

rum [rom] ron

rum and coke [rom and couc] cubalibre

scotch [scotch] whisky escocés

screwdriver [scrudraiver] vodka con zumo de naranja

semi-dry [semi-drai] semiseco

shandy [shandi] clara

sherry [sheri] jerez

soda [souda] (US) gaseosa

soda and lime [souda and laim] gaseosa con zumo de lima

soda water [souda] soda, agua de seltz

soft drinks [soft drincs] refrescos

sparkling mineral water [sparclin minerol uotAer] agua mineral con gas

sparkling wine [sparclin guain] vino de aguja

stout [staut] (UK) cerveza negra

strawberry milkshake [stroberi milksheic] batido de fresa

sweet [suit] dulce

sweet sherry [suit sheri] jerez oloroso

table wine [teibol guain] vino de mesa

tea [ti] té

tomato juice [tomato chus] zumo de tomate

tonic [tonic] tónica

vanilla milkshake [vanila milksheic] batido de vainilla

vermouth [vermuz] vermú

vintage [vintAech] (de un vino) año

vodka [vodka] vodka

water [uoter] agua

whiskey [güisqui] whisky

whiskey and ginger [whisky and chinchoer] whisky con ginger ale

whisky [güisqui] (US) whisky

white coffee [uait cofi] café con leche

white wine [uait guain] vino blanco

wine [guain] vino

winelist [guainlist] carta de vinos

with ice and lemon [wiz eis and lemon] con hielo y limón

Notas

Notas